Reymer Klüver
Das Menschheitsrisiko

Reymer Klüver

Das Menschheitsrisiko

Szenarien des Nord-Süd-Konflikts

Bildnachweis

Seite 6: Süddt. Verlag Bilderdienst/Klein, Kirchgeßner (o), SPPC, R. Klüver (m), dpa (u); 18: Süddt. Verlag Bilderdienst; 22: Süddt. Verlag Bilderdienst/BMZ; 32: Süddt. Verlag Bilderdienst/Stark; 37: Süddt. Verlag Bilderdienst/ppl; 42/43: Süddt. Verlag Bilderdienst/Kummels; 46/47: Süddt. Verlag Bilderdienst/Schwarzbach; 50: Peter Pauls (o), Süddt. Verlag Bilderdienst/dpa; 54: Süddt. Verlag Bilderdienst/amw (o), dpa (u); 62/63: Süddt. Verlag Bilderdienst/AP; 71: Süddt. Verlag Bilderdienst/AP; 74: Süddt. Verlag Bilderdienst/ppl; 88/89: Süddt. Verlag Bilderdienst/Bunge; 96: Süddt. Verlag Bilderdienst/Kummels; 100: Süddt. Verlag Bilderdienst/UPI (o), vario-press (u); 126: Süddt. Verlag Bilderdienst/AP (o), Klein (u); 130/131: Süddt. Verlag Bilderdienst/AP; 139: Süddt. Verlag Bilderdienst/Ricardo; 150: Süddt. Verlag Bilderdienst/Senna; 161: Süddt. Verlag Bilderdienst/AP; 164/165: Süddt. Verlag Bilderdienst/dpa; 172: Peter Pauls

Die Deutsche Bibliothek – CIP-Einheitsaufnahme
Klüver, Reymer:
Das Menschheitsrisiko : Szenarien des Nord-Süd-Konflikts / Reymer Klüver. – Weinheim; Berlin: Quadriga-Verl. 1994

ISBN 3-88679-221-8

Alle Rechte, insbesondere das Recht der Vervielfältigung und Verbreitung sowie der Übersetzung vorbehalten. Kein Teil des Werkes darf in irgendeiner Form (durch Fotokopie, Mikrofilm oder ein anderes Verfahren) ohne schriftliche Genehmigung des Verlages reproduziert oder unter Verwendung elektronischer Systeme verarbeitet, vervielfältigt oder verbreitet werden.

© 1994 Quadriga Verlag Weinheim, Berlin
Produktion: WZ Media
Leitung: Werner Waldmann
Redaktion: Elisabeth Meyer zu Stieghorst-Kastrup
Korrektur: Karl Beer
Design und Satz: Bernd Hirschmeier,
Claudia Tiffinger
Umschlaggestaltung: Dieter Vollendorf, München
Druck und buchbinderische Verarbeitung:
Druckhaus Beltz, 69502 Hemsbach
Printed in Germany

ISBN 3-88679-221-8

Inhalt

Einleitung: Die globale Schieflage — 7

1. TEIL
Das soziale Ungleichgewicht — 19
1. Die Bevölkerungsexplosion — 19
2. Das Elend der Massen — 33
3. Die neuen Völkerwanderungen — 55

2. TEIL
Der ökologische Mißstand — 75
1. Die Internationale der Umweltkiller — 75
2. Die Felder der Zerstörung — 80
3. Die Ausweglosigkeit — 95

3. TEIL
Das wirtschaftliche Mißverhältnis — 97
1. Die zunehmende Schieflage — 97
2. Die ungerechten Handelsbedingungen — 105
3. Die miesen Rohstoffpreise — 111
4. Der Schuldenhammer — 117
5. Die abnehmende Schieflage? — 124

4. TEIL
Das militärische Ungemach — 127
1. Die Hochrüstung der Hungerleider — 127
2. Das Riesengeschäft mit der Rüstung — 135
3. Die Verbreitung des Schreckens — 141
4. Die Riesenkosten der Rüstung — 148

5. TEIL
Das ideologische Unbehagen — 151
1. Die neuen alten Lehren — 151
2. Fundamentalismus I: „Islam ist die Lösung" — 158
3. Fundamentalismus II: Wiedergeburt der Hindu Rashtra — 167
4. Fundamentalismus III: Wettkampf der Kulturen — 169

Schluß: Das Prinzip Ratlosigkeit — 173

Einleitung
Die globale Schieflage

Das Jahr 2025 ist nicht das beste. Nach Bekanntgabe des jüngsten Weltbevölkerungsberichts tritt der Generalsekretär der Vereinten Nationen, ein Bangladescher, aus Protest gegen die Untätigkeit der Industriestaaten zurück. Nichts, aber auch gar nichts hätten sie gegen den Kollaps im Süden getan. Neun Milliarden Menschen bevölkern jetzt den Globus. Die düstersten Prognosen sind eingetreten. Eine Generation hat die Menschheit benötigt, um um weit mehr als drei Milliarden anzuwachsen – und das praktisch nur in der Dritten Welt: 7,65 Milliarden Menschen drängen sich in Entwicklungsländern, 1,35 leben in Industriestaaten. Selbst schrille Warnungen vor der Sprengkraft dieser Bevölkerungsbombe – vom Weltbevölkerungsfonds vor gut drei Jahrzehnten präzise berecnet – blieben ungehört.

Blankes Entsetzen herrscht über die Zustände in Afrika: Weit mehr als eine halbe Milliarde Menschen hungern, ganze Kindergenerationen sind geistig verkümmert, weil sie ständig unterernährt waren. Dabei hatte die Landwirtschafts- und Ernährungsorganisation (FAO) der Vereinten Nationen schon in den neunziger Jahren des vergangenen Jahrhunderts vor einem scharfen Produktionsrückgang gewarnt, weil die Äcker überbeansprucht würden. Trotz der Fortschritte in der Gentechnik ist es nicht gelungen, die dramatischen Ernteeinbußen gerade auf den ertragreichsten Feldern wettzumachen.

Chaos in Indien. Die von einer fanatischen Hindu-Partei gestellte Regierung hat die Moslems für vogelfrei erklärt. Aus allen Teilen des Landes werden Massaker gemeldet. Hundert Millionen sind auf der Flucht. Indiens Armee ist in Pakistan und Bangladesch eingefallen – angeblich hätten die Nachbarn den Glaubensbrüdern zur Hilfe eilen wollen. Offenbar nur mit knapper Not ist es amerikanischen und chinesischen Vermittlern gelungen, den Einsatz von Atomwaffen zu verhindern.

Vom Regenwald am Amazonas, einst das Klimareservoir des Globus, stehen nur noch kümmerliche Reste. Trotz der Mahnungen der Ökologen – in Brasilien fand 1992 ein Umweltgipfel statt – wurden weiterhin jedes

◁ *Die Probleme der Dritten Welt werden sich unaufhaltsam in unsere Lebenswelt hineinschieben – und nur wenigen ist die Dimension dieser Entwicklung klar.*

Jahr acht Millionen Hektar Tropenwald in Brasilien zerstört. Noch auf der Umweltkonferenz von Harare im Jahre 2012 hatte das Kartell der Holzkonzessionäre Malaysias, Burmas, Indonesiens und der Philippinen auf das Recht ihrer Länder gepocht, die eigenen Ressourcen zum Wohle der Bevölkerung auszubeuten; in diesen vier Ländern müßten fast eine halbe Milliarde Menschen ernährt werden.

In Europa sind nach überraschend strengem Winter erste Folgen der globalen Erwärmung zu spüren. Nein, Hollands Deiche sind rechtzeitig erhöht worden. Aber anderthalb Millionen Boat People aus dem Nildelta, die seit Dezember übers Mittelmeer gekommen sind, haben sich nicht aufhalten lassen. UNO-Schätzungen, daß im Laufe dieses Jahrhunderts 15 Millionen Ägypter obdachlos werden könnten, weil ihre Brunnen durch den Anstieg des Meeresspiegels versalzen oder ihre Dörfer gar überschwemmt werden, sind wohl viel zu niedrig. Selbst durch Militärposten mit Schießbefehl entlang den Küsten Spaniens, Frankreichs und Italiens lassen sich junge Männer aus dem Maghreb nicht abschrecken. 110 Millionen Menschen drängen sich inzwischen im schmalen Küstenstreifen zwischen Agadir und Tunis. „Und schon jetzt", hatte Rudolph Chimelli, ein ausgewiesener Kenner der Region, 1992 in der Süddeutschen Zeitung geschrieben, „ist dort die Hälfte der jungen Leute arbeitslos."

Gewiß, dies sind alles Horrorszenarien, mit vielen Wenns und Abers zu relativieren. Doch geben sie einen Eindruck davon, wie sehr sich die globale Perspektive im kommenden Jahrhundert in Richtung „Süden" verschieben wird: Der Gegensatz zwischen Nord und Süd – sei es an Bevölkerungszahl, Wirtschaftsmacht, politischem Einfluß, ökologischem Standard, vor allem aber an Wohlstand – wird zum dominierenden Problem des kommenden Jahrhunderts. Und von dem trennt uns nur noch ein gutes Jahrfünft. Viele bemerken die schleichende Veränderung in unserem Leben, spüren, daß die Dauerkrise des Südens auf Dauer auch unsere Krise werden wird. Überall in Europa aufflammender Fremdenhaß ist nur eine, die widerwärtigste Reaktion auf dieses Phänomen. Doch wenige haben die Dimension dieser Entwicklung so richtig wahrgenommen: Die Probleme des Südens schieben sich in unsere Lebenswelt hinein – und das mindestens in vierfacher Weise.

Erstens wächst der Migrationsdruck. Weit mehr als eine halbe Millionen Menschen bemühen sich jedes Jahr mit Asylanträgen, also legal, um Einlaß in das politische und wirtschaftliche Paradies der Industriestaaten. Egal, ob sie nun politisch verfolgt sind oder nur ihr Menschenrecht auf einen höheren Lebensstandard einfordern: Sie sind da, und sie werden mehr. Aber eine ungleich höhere Anzahl versucht, ohne die Aufnahmeprozeduren mit fraglichem Ausgang in die Wohlstandsfestungen zu gelangen. Allein in Griechenland, so schätzt die Regierung in Athen, halten sich zwischen 350 000 und 500 000 illegale Einwanderer auf. Dem nächtlichen Katz-und-Maus-Spiel zwischen Mexikanern und US-Polizisten am „cactus curtain" entlang des Rio Grande mag man ja noch lustige Seiten abgewinnen, doch wie grimmig ernst das Spiel rasch wird, läßt das menschliche Treibgut erahnen, das an die sonnigen Strände Südspaniens gespült wird: 80 Leichen zählten die spanischen Behörden in ihrer jüngsten Jahresstatistik, Tendenz steigend. Marokkanische Zeitungen schreiben von Hunderten, die bei der gefährlichen Überfahrt über die Straße von Gibraltar auf der Strecke bleiben und vom Sog der Meerenge in den Atlantik hinausgespült werden.

Zweitens: Die Chaosmacht der Massenzivilisation gewinnt mehr und mehr Einfluß auf unseren Alltag – ein Phänomen, das man weitab in der Dritten Welt vermutete. Vor allem die großen Städte lassen sich nicht mehr kontrollieren – Kriminalität, Elend, Verkehrsinfarkt sind die Stichworte. „Zum erstenmal haben wir zunehmend gemeinsame Probleme", konstatierte der mexikanische Schriftsteller Carlos Fuentes in einem Interview der *Welt.* „Detroit und Caracas, New York und Mexico City, Los Angeles und Rio de Janeiro – sie alle haben die gleichen Schwierigkeiten, mit Drogen, mit Gewalttätigkeit, mit Aids, mit Obdachlosen, mit Arbeitslosen, mit Analphabeten."

Drittens: Die Schere zwischen arm und reich springt weiter auf, und die Zahl der Armen nimmt zu – eine Entwicklung, wie wir sie sonst aus der Dritten Welt gewohnt sind oder aus dem Verhältnis zwischen Nord und Süd kennen. Sie läßt sich aber auch im Norden beobachten, beispielsweise in Los Angeles, der Stadt, die als die erste Dritte-Welt-Metropole in der Ersten Welt gilt. Nur wenige Blocks hinter dem Finanzdistrikt beginnt South Central, das Viertel, das im Mai 1992 bei Rassenunruhen lichterloh brannte. Ein Siebtel der Amerikaner gelten inzwischen als arm, wohlgemerkt in einem Land, das eines der höchsten Pro-Kopf-Einkommen der Welt hat. In Deutschland sind gut vier Millionen, mehr als fünf Prozent der Bürger, auf Sozialhilfe angewiesen.

Viertens funktioniert – und das ist wohl den meisten mittlerweile bewußt geworden – der Süden nicht mehr als Regulativ für die permanente ökologische Katastrophe, die der Norden verursacht. Der Kahlschlag im Regenwald, die Versalzung riesiger Flächen fruchtbaren Ackerlandes durch Dauerbewässerung, die Ausdehnung der Wüsten, die gigantische Ressourcenvernichtung und -vergiftung durch wuchernde Monsterstädte: Das Tempo, in dem im Süden die natürlichen Ressourcen ruiniert werden, zeigt nicht nur die grimmige Konsequenz, mit der dort das Fortschrittskonzept des Nordens umgesetzt wird. Vielmehr führt es uns vor Augen, wie nahe unser Wohlstandsmodell seinen ökologischen Grenzen gekommen ist. Man könnte das auch so beschreiben: Je heftiger die Herbststürme, um so eher erinnern wir uns an die globalen Klimaveränderungen, die durch die Abholzung der tropischen Regenwälder verursacht werden. Wir merken am eigenen Leibe, daß die ökologische Regenerationskraft des Südens schwindet, die Umweltverschmutzung in Nord und Süd aber unverändert zunimmt.

Der Süden verändert unser Leben, nur wer will das schon wahrhaben?

Vielleicht hängt die Weigerung, sich den Problemen der Dritten Welt zu stellen, mit einem Phänomen zusammen, das erstmals in den USA nach dem Golfkrieg ausgemacht wurde: *disaster fatigue*, der Überdruß am Übermaß der Probleme, mit denen der Süden uns konfrontiert. Und es ist offenbar nicht einmal so sehr das Grauen der einzelnen Katastrophen, das uns überanstrengt: Von Hungerbäuchen und sehnigen Kleinkinderärmchen haben wir von Biafra bis Somalia schon genug Bilder gesehen. Die konsumieren wir jetzt zum Abendessen während der Tagesschau. Aber viel ermüdender ist der Umstand, daß das Desaster nicht Einzelfall, sondern Alltag ist. Schlaglichtartig nehmen wir die Probleme im Süden durchaus wahr – wenn es zu Katastrophen kommt. So richtig klar wurde die Agonie der Menschen in Somalia eben erst, als es längst zu spät war; dabei hatte es an öffentlichen, an veröffentlichten Warnungen vor der Hungersnot nicht gefehlt. Doch noch im April 1992 weigerten sich die USA im UNO-Sicherheitsrat, 7,5 Millionen Dollar für ein Schutzbataillon der UNO in Somalia lockerzumachen, nur um acht Monate danach für unvergleichlich mehr Geld die Operation *Restore Hope* zu starten. Innerhalb der ersten zwölf Monate sollte die UNO-Mission in Somalia nicht weniger als 1,55 Milliarden Dollar kosten.

Ein anderes Beispiel: Das schwere Erdbeben in Kairo im Herbst 1992 hat für kurze Zeit Kopfschütteln über die kriminellen Baumethoden am Nil ausgelöst. Doch die Katastrophe in der Stadt verursachten nicht nur miese Spekulanten, korrupte Beamte und gewissenlose Bauunternehmer. Das eigentliche Desaster ist die zunehmende Verelendung einer ständig wachsenden Bevölkerung. Daß die Mega-Metropole einem Dampfschnellkochtopf mit defektem Ventil gleicht, der unter dem Überdruck demnächst krachend bersten könnte, das beschäftigt uns aber kaum – obwohl die Teile uns um die Ohren fliegen werden.

Autismus kennzeichnet auch die Politik der Industrieländer gegenüber dem Süden. Nicht, daß es an Aufmerksamkeit fehlen würde. Akribisch sind die Probleme aufgelistet worden, wird darüber Buch geführt, was den Süden kaputtmacht. Jede Sekunde leben drei Menschen mehr auf der Erde, pro Minute verschwinden sieben Hektar fruchtbaren Landes, Stunde um Stunde begeben sich weit mehr als hundert Menschen auf die Flucht, jeden Tag fallen 35 000 Kinder längst heilbaren, läppischen Krankheiten zum Opfer. Die UNO-Organisationen konkurrieren mit Zustandsberichten, die Weltbank liefert Jahr für Jahr einen Report über den Stand der globalen Entwicklung. EU, Bundesregierung ja selbst Bundesländer legen Rechenschaft ab über den Stand der Dinge in entfernten Teilen der Welt.

Aber je näher uns die Probleme des Südens rücken, desto weiter schieben wir sie in der Realität von uns fort.

Denn im politischen Kalkül sind die meisten Entwicklungsländer inzwischen eine vernachlässigenswerte Größe. Aufmüpfige Dritte-Welt-Führer, die Aufmerksamkeit verlangten, schweigen heute lieber. Die Auflösung der überkommenen Machtstrukturen nach dem Kalten Krieg hat nicht nur Europa und die einstige Sowjetunion durcheinandergewirbelt. Die Zersplitterung der einst in Ost und West so übersichtlich geordneten Welt hat auch die dritte Kraft, den Süden, erfaßt. Über Nacht fand sich die Bewegung der Blockfreien ihres Daseinsgrundes und der Führungsnationen beraubt. Jugoslawien hat sich selbst zerfleischt, Indien ist mit Indien beschäftigt, und, seiner Schutzmacht ledig, ist Kuba sehr, sehr einsam.

Auch die Gruppe der 77, ein Bund von ursprünglich 77 Entwicklungsländern, läßt sich nicht mehr zusammenhalten. Zwar hat sie immer schon mit sich selbst, das heißt mit den divergierenden Interessen ihrer Mitglieder, kämpfen müssen, doch wie wenig der Zusammenschluß von mittlerweile fast 130 Ländern als Kartell des Südens funktioniert, hat im Juni 1992 augenfällig der Umweltgipfel in Rio de Janeiro bewiesen. Dort haben die asiatischen Schwellenländer, voran

Malaysia, die G 77 mit Parolen der Süd-Süd-Kooperation zu ihrem Sprachrohr instrumentalisiert, um eigene Interessen durchzusetzen – etwa die Wälder ungehindert weiter abholzen zu können. Mit dem Osten hat sich auch der Süden als politische Größe verabschiedet, zumal da er als Machtfaktor wohl immer mehr beschworen, denn jemals Realität war.

„Die sogenannte ‚neue Weltordnung' ist für uns in Wirklichkeit eine neue Anordnung, ein Befehl, dem wir gehorchen müssen", beklagte sich Tansanias Präsident, Ali Hassan Mwinyi, wenige Wochen nach dem Gipfel bitter in einem Interview der *Frankfurter Rundschau*. Und erfrischend ehrlich fuhr er fort: „Früher konnten wir dem entkommen: Wenn uns die eine Seite etwas vorschrieb, was wir nicht wollten, konnten wir immer im anderen Lager Zuflucht finden. Aber das ist jetzt vorbei, und wir müssen Anordnungen Folge leisten, ob es uns paßt oder nicht, auch ob es für uns gut ist oder nicht. Unsere Erfahrung in dieser kurzen Zeit ist jedenfalls sehr negativ." Erfahren haben Länder wie Tansania, also zumindest die 47 Staaten, die international als die ärmsten gelten (Least developed countries/LDC), daß es auf sie nicht ankommt: Selbst wenn es den Habenichtsen gelänge, sich zusammenzuschließen, tatsächlich versuchten, eine Lobby zu bilden, wie es Mwinyis Vorgänger Julius Nyerere als Prophet der Süd-Kooperation immer gefordert hatte: ihr politischer Einfluß bliebe gleich Null.

Wirtschaftlich kann der Norden es sich erst recht leisten, die Entwicklungsländer einfach abzuschreiben. Die Preise für einen Gutteil der Rohstoffe sind auf einem Tiefststand angelangt, was wir täglich erfahren können, zumeist ohne groß darüber nachzudenken: Kaffee zum Beispiel, nach Erdöl und Zucker wichtigstes Exportgut der Dritten Welt, ist real weit preiswerter als vor zehn Jahren. Die Reichen sparen auf Kosten der Ärmsten. 1,7 Milliarden Menschen in Afrika und Asien, fast ein Drittel der Weltbevölkerung, bringen es nicht einmal mehr auf einen Anteil von zwei Prozent am Welthandel. 1970 entfielen auf die beiden Regionen zusammen immerhin noch fünf Prozent. Abkoppelung vom Weltmarkt nennt man das.

Wie gestanzte Schablonen wirken da die Bekenntnisse der Regierungen zur „besonderen Verantwortung" gegenüber dem Süden. Doch sind diese rituellen Bekenntnisse nur Ausdruck einer politischen Lebenslüge des Nordens. Bundeskanzler Helmut Kohl etwa versprach auf der Umweltkonferenz in Rio eindrucksvoll die „Verstärkung der öffentlichen Entwicklungshilfe". Zu dem Zeitpunkt mußte ihm jedoch längst klargewesen sein, daß die Ausgaben der Bundesregierung für Entwicklungshilfe gemessen an der Wirtschaftleistung in den neunziger Jahren auf einen historischen Tiefstand fallen. Das ist kein spezifisch deutsches Phänomen. So hatten sich die Industrieländer im Herbst 1990 in der sogenannten Pariser Erklärung feierlich zur „Entwicklungspartnerschaft" bekannt. Inzwischen aber sind die Entwicklungshilfeleistungen weltweit real rückläufig.

Der Gegensatz zwischen Anspruch und Wirklichkeit sitzt aber viel tiefer. „Entwicklungspolitik ist eine Art Sozialpolitik in weltweitem Ausmaß", hatte 1965 der erste deutsche Entwicklungshilfeminister, Walter Scheel, geschrieben. Unbestreitbar hat es Erfolge gegeben: Die Kindersterblichkeit konnte seitdem weltweit halbiert werden. Zu Recht stolz vermeldet UNICEF, das Kinderhilfswerk der Vereinten Nationen, im Jahresbericht 1993, daß dank seines Impfprogramms die Kinderlähmung in Lateinamerika ausgerottet wurde. Global stieg die Lebenserwartung um mehr als zehn Jahre, und das Durchschnittseinkommen hat sich nach Weltbankberechnungen weltweit verdoppelt. Trotz solcher Fortschritte ist die Entwicklungshilfe jedoch geplagt von Erfolglosigkeit. Jedes zweite Projekt scheitert, ebenfalls nach Einschätzung der Weltbank. Grob gerechnet, bedeutet das, daß 25 Milliarden Dollar schlicht vergeudet werden – die Hälfte der Summe, die jedes Jahr weltweit für Entwicklungshilfe ausgegeben wird. Aber viel schlimmer, die Entwicklungshilfe ist gemessen an ihrem eigenen Anspruch, den Walter Scheel so deutlich formuliert hat, gescheitert: Sie hat in der sozialen Frage versagt. Der Abstand zwischen dem ärmsten Fünftel und den reichsten 20 Prozent der Weltbevölkerung hat sich seit 1960 verdoppelt. „Die Entwicklungshilfe der letzten Jahrzehnte hat weder geholfen noch entwickelt", konstatierte der in Deutschland lebende indische Sozial- und Wirtschaftswissenschaftler Rajan Malavija bei einem Nord-Süd-Symposium.

Doch wie sollte sie auch Erfolg haben? Die Entwicklungsbehörde der Vereinten Nationen, das United Nations Development Programme (UNDP), hat eine eindrucksvolle symbolische Rechnung aufgemacht. Zwar bekommt die Dritte Welt jedes Jahr etwa 50 Milliarden Dollar an Entwicklungshilfe, zugleich kostet die ungleiche Partnerschaft mit dem Norden die Entwicklungsländer aber jährlich 500 Milliarden – Einnahmen, die ihnen zustünden, wären die Rohstoffpreise fair, gäbe es tatsächlich freien Welthandel, würde die Schuldenlast erleichtert.

Die Entwicklungshilfe, die wie Kitt den Bruch zwischen Nord und Süd schließen sollte, reicht bei weitem nicht aus.

An fünf Stellen wird der Norden diesen Bruch schmerzhaft zu spüren bekommen.

Das soziale Ungleichgewicht: Für Bevölkerungswissenschaftler ist das Phänomen klar. Die Dritte Welt ist in die demographische Falle getappt: Die soziale Entwicklung dort hat nicht mit dem medizinischen Fortschritt Schritt gehalten. Eine Bevölkerungsexplosion ungekannten Ausmaßes ist die Folge mit allerdings bekannten Konsequenzen: Massenarmut, Hunger, Wohnungselend, Bildungsnotstand, Gesundheitskrise, Millionen auf der Flucht. Entwicklungshilfe hat als Langzeitstrategie versagt. Kurzzeitstrategien wie ein schärferes Asylrecht oder elektronisch überwachte Grenzzäune werden die neue Völkerwanderung nicht aufhalten können. Je mehr Menschen im Süden leben müssen, desto größer wird der soziale Druck auch auf den Norden werden.

Der ökologische Mißstand: Längst ist klar, daß der Wohlstand der Industrieländer auf Kosten der globalen Umwelt geht und nicht auf die übrigen vier Fünftel der Menschheit ausdehnbar ist. Darin verbirgt sich das zweite Dilemma der Entwicklungshilfe: Ihr Erfolg kann im globalen Maßstab gar nicht wünschenswert sein. Die Absurdität dieses an industrieller Produktion orientierten Entwicklungskonzepts macht ein einfaches Exempel deutlich: Auf zwei Deutsche kommt ein Fahrzeug; wenn Chinesen und Inder ähnlich mobil wären, müßte die Erde eine Milliarde zusätzlicher Autos verkraften. Undenkbar. Doch zum Verzicht auf Entwicklung ist in der Dritten Welt niemand bereit – warum auch? Für den globalen Ökofarkt tragen doch die Industrieländer die Hauptverantwortung. Schließlich verbrauchen sie vier Fünftel der Ressourcen. 85 Prozent des Holzverbrauchs der Welt gehen auf unsere Rechnung – und da beklagen wir noch den langsamen Tod des Regenwalds? Auch der Norden ist nicht willens, Opfer für die gemeinsame Umwelt zu bringen. Der ökologische Konflikt ist programmiert.

Das wirtschaftliche Mißverhältnis: Debt-for-nature-swaps hieß ein Stichwort, das während der Schuldenkrise in den achtziger Jahren aufkam: Erlaß der Verbindlichkeiten und als Gegenleistung mehr Naturschutz. Solche Tauschgeschäfte werden die wirtschaftlichen Beziehungen zwischen den ökonomischen Giganten im Norden und den vielen Zwergen im Süden bestimmen: Bessere Handelsbedingungen, Verzicht auf Schulden – das werden Entwicklungsländer einklagen und mit den sozialen und ökologischen Interessen der Industriestaaten verrechnen.

Das militärische Ungemach: Viele haben den Golfkrieg vorschnell zum ersten großen Nord-Süd-Konflikt stilisiert. Bei genauerem Hinsehen erweist sich die Konstellation als ziemlich einmalig: Ein größenwahnsinniger Despot legte sich mit dem Rest der Welt an. Doch daß es überhaupt so weit gekommen ist, daß Saddam Hussein den Irak über ein Jahrzehnt hinweg ungehindert aufrüsten konnte, dafür haben die Industrieländer selbst gesorgt. Warum sollte die Hochrüstung eines Dritte-Welt-Landes Einzelfall bleiben? Auch eine Süd-Süd-Konfrontation kann sich schnell zum globalen Krisenfall entwickeln – und sei es nur, weil der Norden sich moralisch zur Intervention verpflichtet fühlt.

Das ideologische Unbehagen: Die Niederlage der Zweiten Welt ist nicht gleichzeitig der Sieg der Ersten – ein Satz, der in Indien genauso zu hören ist wie in Brasilien oder Ägypten, in Mexiko oder auf den Philippinen. Und dahinter steht mehr als nur Trotz, sich dem Diktat des Faktischen nicht beugen zu wollen. In Südostasien wird offen der Glaubenssatz des Westens angegriffen, daß Wohlstand und Demokratie die beiden Seiten derselben Medaille seien. *Good governance,* fürsorgliche Führung zum Wohle des ganzen anstatt individueller Freiheit, ist die Losung. Der Boom der Region scheint für sich zu sprechen. Der Erfolg der islamischen Fundamentalisten von Kairo bis zum Kongo ist auch eine Konsequenz aus dem Scheitern des westlichen Entwicklungsmusters. Und welche Wucht ein fundamentalistischer Hindustaat Indien entwickeln könnte? Es sei auf das Szenario am Anfang verwiesen. Die ideologische Auseinandersetzung zwischen Nord und Süd hat jedenfalls erst begonnen.

Die Teilung der Welt in Nord und Süd wird sich als tiefgreifender erweisen als der Ost-West-Gegensatz. Und sie wird die Industrieländer an diesen Bruchstellen zum Handeln zwingen.

DAS BEVÖLKERUNGSGE
IM JAH

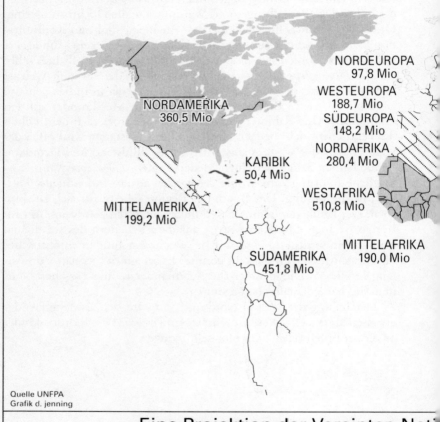

Quelle UNFPA
Grafik d. jenning

Eine Projektion der Vereinten Nati

NORDAMERIKA
360,5 Mio

LATEINAMERIKA
701,5 Mio

EUROPA
541,9 Mi

Die globale Schieflage 17

...ICHT DER KONTINENTE
...E 2025

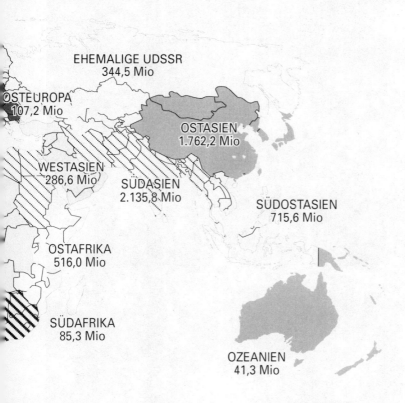

n (Anzahl der Einwohner in den Kontinenten)

AFRIKA	EHEM. UDSSR	ASIEN	OZEANIEN
1.582,5 Mio	344,5 Mio	4.900,2 Mio	41,3 Mio

1. Teil:
Das soziale Ungleichgewicht

1. Die Bevölkerungsexplosion

Wundern muß es einen wirklich nicht, daß die seltsame Digitaluhr mit dem doppelten Anzeigefeld niemanden interessiert. Was soll man auch hier in diesem dunklen Gang hinter dem Plenarsaal? Drinnen, im großen Saal, wo die großen Reden gehalten werden, dort spielt die Musik oder in den kleinen Konferenzsälen, wo sich die Arbeitsgruppen treffen. In die brütend heiße Ausstellungshalle sollte man gehen, deren Klimaanlage längst vor dem schwülen Tropenklima und den Tausenden hektisch herumlaufender, auf mobile Funktelefone einredender Menschen kapituliert hat. Fast jedes Land der Erde hat dort einen Messestand aufgebaut – ein überhitztes global village mit Behelfshäusern aus weißlackiertem Aluminium, perfekt ausgestattet mit Faxmaschinen, Farbkopierern und Funkgeräten. Selbst in den briefing-rooms ist mehr zu erleben. Im halbstündigen Wechsel werden Pressekonferenzen abgehalten – über zwölf Tage hinweg. Nein, im Riocentro, dem großen Messegelände, 30 Kilometer von der Copa Cabana ins Landesinnere hinein, gibt es wirklich interessantere Plätze als diesen dunklen Flur mit der vertrackten Uhr an der Wand (die ist übrigens mit dunklem, tropischem Holz getäfelt). Dreimal pro Sekunde huschen die Lichtpünktchen über das linke der beiden elektronischen Anzeigefelder und bilden eine neue, eine stets höhere Kombination aus rot leuchtenden Ziffern. Wie erholsam dagegen die rechte Seite. Siebenmal in der Minute wechseln die Zahlen, in kontinuierlich absteigender Folge. Das unaufhaltsame Wachstum der Weltbevölkerung zeigt diese digitale Doppeluhr an und gleichzeitig den steten Schwund an Wald, Wiesen und Feldern. Sekunde für Sekunde drei Menschen mehr, jede Minute sieben Hektar unbebautes Land weltweit weniger. Aber beim Umweltgipfel in Rio de Janeiro scheint niemand diese Anzeigetafel ernsthaft zur Kenntnis zu nehmen. Die Unterhändler des globalen Schicksals haben im High-Tech-Hüttendorf nebenan Wichtigeres zu tun: Sich über Punkte und Kommas in der angestrebten Abschlußerklärung zu streiten, um Halbsätze

◁ *Nicht die schiere Zahl der Menschen ist entscheidend, sondern die Frage, wieviel Menschen sich wo zur selben Zeit nur begrenzte Ressourcen teilen müssen.*

zu feilschen, schon scheinbar fest Vereinbartes mit einer einzigen Formulierung wieder in Frage zu stellen – und das nur mit dem Ziel, sich am Ende des Umweltgipfels verbindlichst auf möglichst Unverbindliches zu einigen. Während der zwölf Tage dieser Umweltgala verschwanden exakt 120 960 Hektar fruchtbaren Bodens von der Erdoberfläche – fast die Hälfte des Saarlands. Die Weltbevölkerung aber nahm um dreimillioneneinhundertzehntausendvierhundert Menschen zu. Und keiner der versammelten Weltführer hat diese Zahlen auch nur mit einer Silbe erwähnt.

„Die Menschheitsgeschichte ist an einem Wendepunkt angekommen", schrieb die engagierte Direktorin des Weltbevölkerungsfonds der Vereinten Nationen, Nafis Sadik, im Frühjahr 1992. „Das schnellste Bevölkerungswachstum seit Menschengedenken ist mit weitverbreiteter Armut und großen Entbehrungen verbunden. Gleichzeitig erleben wir, daß der Verbrauch von Rohstoffen ins Unermeßliche steigt. Dies wiederum spielt sich vor dem Hintergrund politischer und wirtschaftlicher Systeme ab, in denen die Tatsache, daß es objektive Grenzen für das Wachstum gibt, kaum Beachtung findet. Zusammengenommen stellen diese beiden Phänomene die ernsteste Bedrohung für die regionale und globale Umwelt seit Aufkommen der menschlichen Art dar. Die Möglichkeit einer herannahenden ökologischen Katastrophe ist der Alptraum der neunziger Jahre." Doch, so müßte man eigentlich fortfahren, das will keiner wahrhaben. Sonst hätte der Alarmruf der UN-Organisation die Staats- und Regierungschefs, die sich wenige Wochen später zum Umweltgipfel in Rio de Janeiro trafen, um die Menschheit vor der selbstgemachten Katastrophe zu bewahren, doch zu sofortigem Handeln bewegt.

Statt dessen fabrizierte man windelweiche Formelkompromisse, die zu nichts verpflichteten. Vor allem aber hatte man sich stillschweigend darauf geeinigt, über die Bevölkerungsexplosion gar nicht erst zu reden, geschweige denn Strategien zu entwickeln – und das, obwohl neun von zehn Entwicklungsländern in der Vorbereitungsphase der Rio-Konferenz das Bevölkerungswachstum als eine ihrer größten Sorgen nannten, wie Nafis Sadik in Rio verwundert konstatierte. In der „Agenda 21", jenem 800 Seiten starken umweltpolitischen Strategiepapier für das nächste Jahrhundert, kommen Wörter wie Empfängnisverhütung, Geburtenregelung oder Familienplanung gar nicht erst vor, stellte die *Neue Zürcher Zeitung* merklich konsterniert fest. Viele führten das Manko auf das zähe Wirken der Diplomaten des Vatikans zurück, die bereits Monate vor der Konferenz hinter den Kulissen die Bevölkerungsexplosion zum Unthema erklärt hatten. Doch das ist nur die halbe Wahrheit. Viele Länder waren allzugern bereit, dem Drängen des Heiligen Stuhls nachzugeben. Sei es nun aus religiösem Fundamentalismus, aus bornierter Südideologie, die hinter jedem Appell zur Geburtenkontrolle den Wurmfortsatz des Kolonialismus sieht, oder schlicht aus politischem Kalkül. Denn gerade der Zusammenhang von Menschheitswachstum und Ressourcenzerstörung, den Nafis Sadik so deutlich hervorhob und den jene Digitaluhr im Riocentro augenfällig machte, ist für allzu viele Regierungen unbequem.

Die Zerstörung der Umwelt durch die ungeheure Masse Mensch in der Dritten Welt ist ja nur der eine Faktor in der ökologischen Negativbilanz des Planeten. Den anderen, weitaus folgenträchtigeren Faktor bilden der verschwenderische Rohstoffkonsum der reichen Minderheit der Menschheit in den Industrieländern. Um diesen unangenehmen Umstand nicht allzusehr rechtfertigen zu müssen, verzichteten die Industrieländer eben darauf, die beunruhigende Bevölkerungsexplosion zum Thema zu machen. Den Schwellenländern war es recht, setzen sie doch auf genau dasselbe Entwicklungsrezept wie der Norden. Von den Ölförderländern zu schweigen, denen die ganze Richtung aus begreiflichem Eigennutz nicht paßte. Bleiben die Länder, die beides – einen beispiellosen Menschenzuwachs und eine unsägliche Umweltzerstörung – ohne Hoffnung auf einen Ausweg zu ertragen haben.

Wieviel Mensch verträgt die Erde überhaupt? Versuche, die Grenzen des Wachstums exakt zu vermessen, sind ziemlich müßig gewesen. Immer wieder mußten die Zahlen nach oben korrigiert werden. Doch die Prognose, daß es nun „nicht viel mehr" werden dürfen, wie Dennis Meadows, der Autor der ersten, spektakulären Warnung vor dem globalen Ökofarkt („Die Grenzen des Wachstums"), heute sagt, dürfte viel zu vorsichtig formuliert sein. Die Berechnungen des Weltbevölkerungsfonds (UNFPA) rechtfertigen eine weitaus drastischere Sprache. 5,55 Milliarden zählt die Menschheit mittlerweile, jedes Jahr kommen etwa 97 Millionen hinzu. Das heißt nicht, daß 97 Millionen Kinder zur Welt kommen; es werden viel mehr Kinder geboren. Es bedeutet schlicht, daß der globale Geburtenüberschuß so hoch ist. Und fast alle dieser Kinder kommen in Entwicklungsländern zur Welt – die meisten ohne Aussicht auf ein menschenwürdiges Leben.

22 *Das soziale Ungleichgewicht*

Der Menschenboom im Süden ist ohne Vergleich in der Geschichte. Und die Ausgaben für Familienplanung hinken weltweit deutlich hinter dem Bedarf her.

Die Frage ist nicht nur, wieviel Menschen die Erde noch ertragen kann, sondern vielmehr wo sich immer mehr Menschen immer weniger Ressourcen werden teilen müssen. In den vergangenen drei Jahrzehnten legte die Bevölkerung der Industrieländer im Schnitt pro Jahr nur um 0,8 Prozent zu. In den Entwicklungsländern waren es im selben Zeitraum aber jährlich 2,3 Prozent, in den ärmsten Ländern der Welt gar 2,5. Am schnellsten wuchs die Zahl der Menschen in Schwarzafrika, jedes Jahr um 2,8 Prozent. In den arabischen Ländern lag die Rate bei 2,7, in Lateinamerika bei 2,4, in Südostasien und in Südasien, den Ländern zwischen dem Schatt-el-Arab und dem Gangesdelta, immerhin noch bei 2,3. In Ostasien, also vor allem in China, lag die Rate bei 1,8 Prozent. Bis zum Jahr 2000 werden sich die Schwerpunkte des Bevölkerungswachstums aber auch in der Dritten Welt noch einseitiger verteilen: In Afrika wird es sich auf 3,2 Prozent steigern, während es sich in der arabischen Welt und in Südasien wenig, in allen übrigen Regionen aber merklich verlangsamt. Noch ein paar Zahlen seien genannt, um die Dimension der Verschiebungen deutlich zu machen: Innerhalb von vier Jahrzehnten, von 1960 bis zum Jahr 2000, wird sich die Einwohnerzahl Afrikas mehr als verdreifacht haben, von 210 auf 690 Millionen. Allein in Indien werden mehr als eine Milliarde Menschen leben, 1960 waren es erst 440 Millionen. Selbst China, das eine der niedrigsten Wachstumsraten in der Dritten Welt hat, wird seine Einwohnerzahl noch auf 1,3 Milliarden im Jahr 2000 verdoppeln.

Der Menschenboom im Süden ist ohne Vergleich in der Geschichte. Denn die Milliardengrenze hatte die Menschheit erst 1830 überschritten. 100 Jahre waren nötig, ehe die zweite Milliarde voll war. Und die Abstände wurden immer kürzer; die Wachstumsrate erhöhte sich zusehends, weil die Sterblichkeit zwar zurückging, nicht aber die Zahl der Geburten. Nur noch drei Jahrzehnte brauchte die Menschheit bis zur dritten Milliarde, 15 Jahre später, 1975 waren es bereits vier Milliarden. 1987, also nach nur zwölf Jahren, registrierten die Vereinten Nationen bereits fünf Milliarden Menschen. 1998 werden sechs Milliarden Menschen den Globus bevölkern – wesentlich früher als erwartet. Denn noch 1980 gingen die Vereinten Nationen von einer Weltbevölkerung von 5,5 Milliarden zur Jahrtausendwende aus. Innerhalb eines Jahrzehnts mußten die Prognosen um eine halbe Milliarde nach oben korrigiert werden! Welch aberwitzige Dimensionen das Bevölkerungswachstum erreicht hat, zeigt eine, zugegeben, astronomische

Das soziale Ungleichgewicht

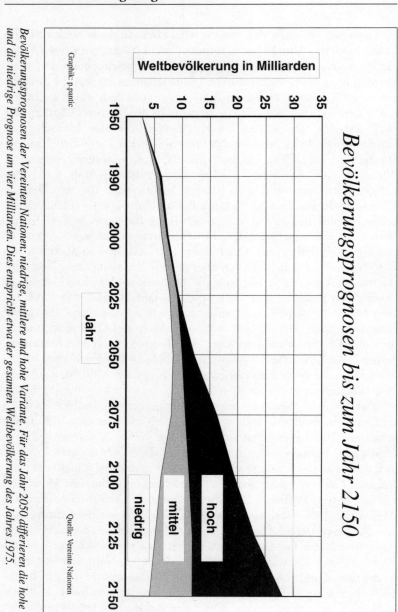

Bevölkerungsprognosen der Vereinten Nationen: niedrige, mittlere und hohe Variante. Für das Jahr 2050 differieren die hohe und die niedrige Prognose um vier Milliarden. Dies entspricht etwa der gesamten Weltbevölkerung des Jahres 1975.

Hochrechnung, die der amerikanische Sternforscher Benjamin Zuckerman in der *Los Angeles Times* aufgestellt hat: „Wenn die gegenwärtige Zuwachsrate der Weltbevölkerung, also etwa zwei Prozent im Jahr, bis zum Jahre 3400 anhielte, hätte jeder heute lebende Mensch eine Billion Nachkommen und die gesamte Menschheit würde so etwa zehn Trilliarden zählen. Und schon eine ganze Zeit vor 3400 hätte sich der durchschnittliche Platz für einen Menschen auf etwa sechs Quadratzentimeter reduziert."

Doch zurück in die berechenbare Zukunft: Am wahrscheinlichsten, so die UNO-Statistiker, wird die Weltbevölkerung im Jahre 2050 zehn Milliarden zählen, sich innerhalb eines halben Jahrhunderts also fast verdoppelt haben. Um 2150 wird sie dann bei 11,6 Milliarden ihren Höchststand erreichen. Dafür ist allerdings Voraussetzung, daß weltweit jedes Paar – statistisch gesehen – nur noch zwei Kinder hat. Eine Annahme, die zum gegenwärtigen Zeitpunkt abenteuerlich anmuten muß, liegt die durchschnittliche Geburtenzahl pro Frau in den Entwicklungsländern doch bei 3,7. Allein in Afrika bringt jede Frau statistisch sechs Kinder zur Welt (zum Vergleich: Die Geburtenzahl in Deutschland beträgt 1,5). Wenn allerdings noch in diesem Jahrzehnt die Fruchtbarkeitsrate deutlich abnähme, wäre der Höchststand der Weltbevölkerung bereits in gut 50 Jahren erreicht, Tendenz danach fallend. Verharrt die Geburtenrate auf absehbare Zeit hingegen auf dem heutigen Niveau, wird die Weltbevölkerung im Jahre 2050 schon bei 12,5 Milliarden liegen, ein Jahrhundert später bei 20,8 – Tendenz steigend. Zuckermans Vision läßt grüßen.

Ganz unbegründet ist die Hoffnung allerdings nicht, daß das Worst-case-Szenario abgewendet werden kann: Denn im vergangenen Vierteljahrhundert hat eine gewaltige Umwälzung in der Dritten Welt stattgefunden, die nur von wenigen in ihrem Ausmaß so recht begriffen wurde, wie Steven Sinding und Sheldon Segal, zwei Bevölkerungswissenschaftler der Rockefeller Foundation, meinen: die Verhütungs-Revolution. Heute benutzt mehr als die Hälfte aller Paare Verhütungsmittel. 1965 waren es erst acht Prozent. Seit den späten sechziger Jahren, so das Ergebnis einer Langzeitstudie der amerikanischen Entwicklungsbehörde Agency for International Development (AID), hat sich die Geburtenrate in der Dritten Welt um fast ein Drittel von 6,1 auf 4,2 Kinder pro Frau verringert, in Indien und China, den bevölkerungsreichsten Staaten, sogar fast um zwei Drittel. Hätte es diesen globalen Pillenknick nicht gegeben, sähe die Situation in der Dritten Welt noch dramatischer aus, als sie es ohnehin schon ist. Die Weltgesundheitsorganisation WHO schätzt, daß ohne die massenhafte Verbreitung von Verhütungsmitteln schon heute 400 Millionen Menschen mehr auf dem Planeten leben würden. Hochgerechnet auf das Jahr 2100 wären es 4,6 Milliarden – und zwar im Süden.

Daß der ungehinderte Zugang zu Verhütungsmitteln wesentliche (allerdings keineswegs die allein entscheidende) Voraussetzung für den Geburtenrückgang ist, zeigen die Vergleichszahlen aus den ärmsten Entwicklungsländern (LDC): Nur neun Prozent der Paare benutzen Kondome oder die Pille, Pessare oder Langzeitverhütungsmittel. Die Geburtenrate liegt unverändert bei 6,1 Kindern. Setzt sich auch in diesen Ländern die Verhütungsrevolution durch, kann sich die Weltbevölkerung tatsächlich stabilisieren.

Soll das aber nicht erst in etwa 150 Jahren passieren, sondern bereits im kommenden Jahrhundert, müßten sich zumindest die Ausgaben für Bevölkerungsplanung global verdreifachen. Das bedeutet: 44 Milliarden Kondome, neun Milliarden Pillen-Monatskärtchen, 150 Millionen Sterilisationen und 310 Millionen Pessare oder Langzeitverhütungsmittel jedes Jahr, wie Segal und Sinding errechnet haben. Eine utopische Vorstellung, zumal da die Ausgaben für Familienplanung ganz bestimmt nicht im geforderten Ausmaß steigen.

Denn weltweit regt sich Widerstand der religiösen Fundamentalisten gegen die Geburtenkontrolle – und er wird heftiger. Vor allem die katholische Kirche hat die Familienplanung mit einem moralischen Bannfluch belegt. Doch damit nicht genug: Die Kirchenmänner versuchen weltweit Bevölkerungsprogramme zu hintertreiben – sei es nun auf den Philippinen, in Kenia oder Ecuador, Beispiele für Länder, in denen die Bischöfe 1993 von den Kanzeln wider die staatlichen Familienplanungsprogramme predigen ließen. Papst Johannes Paul II. selbst sprach im März 1993 von „unmoralischen Methoden" zur Verringerung des Bevölkerungswachstums in Lateinamerika. Ein halbes Jahr zuvor hatte er gegenüber Bischöfen aus Tansania die „unverletzliche Freiheit verheirateter Paare auf Ausübung verantworteter Elternschaft" hervorgehoben. Dem liegt eine feinsinnige Unterscheidung zwischen sogenannter künstlicher und natürlicher Verhütung zugrunde. Im Klartext bedeutet das: Wer verhütet, sündigt. Allein Enthaltsamkeit ist nicht wider die Natur und ist damit moralisch gesehen für die Gläubigen die einzig einwandfreie Verhütungsmethode – praktisch allerdings wohl die mit den furchtbarsten Folgen. Denn der Kindersegen hat sich längst als Fluch erwiesen – zum Beispiel eben in Tansania: Unter den ärmsten Ländern gehört es zu den ärmsten und hat mit im Schnitt 7,1 Kindern pro Frau eine der höchsten Geburtenraten der Welt. Gegen die „Neue Bevölkerungspolitik" des ostafrikanischen Staates aber sollen die Bischöfe Lobbyarbeit leisten. Zynisch sprechen die Diplomaten des Heiligen Stuhls von „Verhütungsimperialismus", wann immer in der Dritten Welt die Forcierung der Familienplanung gefordert wird. Die demographische Situation werde übertrieben dargestellt, um die Bevölkerungskontrolle durch Verhütungsmittel, Sterilisationen und Abtreibungen zu rechtfertigen, hatte der Präsident des päpstlichen Rates für die Familie, Kardinal Alfonso Lopez Trujillo, noch 1991 erklärt.

Doch die Wahrheit sieht anders aus: Wer es sich leisten kann, verhütet; das gilt im globalen Maßstab wie auch in den Ländern des Südens selbst. Noch immer haben 300 Millionen Frauen nicht einmal die Möglichkeit, sich Verhütungsmittel zu verschaffen, obwohl sie es gerne wollten. Befragungen in Entwicklungsländern haben ergeben, daß neun von zehn Frauen es vorzögen, zwischen der Geburt ihrer Kinder jeweils zwei Jahre vergehen zu lassen. Nur zwei Dritteln ist das gelungen, wie auf einer internationalen bevölkerungs- und gesundheitspolitischen Konferenz in Washington 1991 berichtet wurde.

Nicht nur die katholische Kirche stemmt sich gegen jede Bevölkerungspolitik. Eine merkwürdige Allianz im Geiste mit islamischen Fundamentalisten ist zu beobachten. Zwar werden gerade in den menschenreichen Staaten der islamischen Welt wie in der Türkei, in Bangladesch oder Iran Bevölkerungsprogramme gefördert. Und in Indonesien, mit 190 Millionen Einwohnern nach China, Indien und den USA der menschenreichste Staat der Welt, wird die Zweikindfamilie propagiert. Selbst in Pakistan ist Familienplanung offizielle Regierungspolitik. Das Ziel lautet, das Bevölkerungswachstum von gegenwärtig 3,1 Prozent bis zum Jahr 2001 auf 2,5 zu drücken. Ein unrealistisches Unterfangen, haben doch die Mullahs die Geburtenkontrolle inzwischen als Teufelswerk des Westens gebrandmarkt. Mit religiösen Grundsätzen jedenfalls sei sie nicht vereinbar, heißt es in einer Stellungnahme der islamischen Führung des Landes für das Parlament. Die hohe Zahl der Kinder sei nicht für die Armut verantwortlich – genau dieselbe Halbwahrheit, mit der auch die katholische Amtskirche der Familienplanung ihre Berechtigung nehmen will.

In diese unheilige Liga reiht sich weltweit eine weitere, seltsam fundamentalistisch anmutende Gruppe ein, in der sich Kapitalismuskritiker und Frauenrechtlerinnen verbunden haben. Familienplanung wird als Bedrohung für die Frauen empfunden. Die indische Wirtschaftswissenschaftlerin Vandana Shiva formulierte diesen Standpunkt radikaler Südideologen auf dem Global Forum, dem Gegengipfel in Rio de Janeiro zur großen Umweltkonferenz im Juni 1992: Frauen würden als „unwissende biologische Zuchttiere behandelt, die niemals denken, niemals ihre freie Entscheidung treffen".

Nahrung erhält diese Kritik durch die gigantischen Fehlschläge staatlicher Bevölkerungspolitik. Wohl am bekanntesten ist das Desaster verordneter Familienplanung in Indien. Schon kurze Zeit nach der Unabhängigkeit hatte die indische Regierung Anfang der fünfziger Jahre „die Stabilisierung der Bevölkerung" als Staatsziel propagiert. Nach fast einem halben Jahrhundert ist klar, daß die Geschwindigkeit des Bevölkerungswachstums zwar verringert werden konnte, die Bremsspur aber bis weit ins nächste Jahrhundert hineinreichen wird. Und daran ist nicht zuletzt die staatliche Familienplanung schuld. „Das Ganze orientierte sich am Ausland und war von kolossaler Unkenntnis der gesellschaftlichen Zusammenhänge in Indien geprägt", schreibt der bekannte indische Bevölkerungswissenschaftler Ashish Bose in der *Frankfurter Allgemeinen Zeitung*. Das Familienplanungsprogramm Indira Gandhis sei in Wahrheit ein brutales Sterilisationsprogramm gewesen. Die Masse der armen Analphabeten erlebte Bevölkerungspolitik nur als Körperverletzung – ein Schock von dem sich die Familienplanung in Indien bis heute nicht erholt hat. Noch immer liegt die durchschnittliche Kinderzahl bei 4,1 pro Frau weit über der sogenannten Netto-Reproduktionsziffer, wenn sich ein Paar durch zwei Kinder, statistisch gesehen, nur noch ersetzt.

Auch die Einkindfamilie in China erweist sich mehr und mehr als Fehlschlag. Trotz Zwangsabtreibungen, sozialer Ächtung und deftigen Geldstrafen wird – vor allem auf dem Land – das Planziel der staatlichen Bevölkerungspolitik einfach ignoriert. Im Sommer 1992 beklagte die Pekinger *Volkszeitung* in ungewohnter Offenheit, daß allein in der ersten Jahreshälfte eine Million „ungenehmigter Kinder" geboren worden seien. Die jährliche Wachstumsrate der Bevölkerung mußte nach der letzten Volkszählung 1990 von 1,45 auf 1,48 nach oben korrigiert werden. Eigentlich eine lächerlich geringe Verschiebung, nur daß selbst kleine Ausschläge bei einem Milliardenvolk einen Millionenzuwachs bedeuten. Jedes Jahr nimmt die Bevölkerung Chinas um 15 Millionen zu. Und daran wird sich auf absehbare Zeit trotz staatlichen Drucks nichts ändern. Obwohl die Familienplanungsministerin Peng Peiyun im Frühjahr 1993 stolz einen neuerlichen Fall der Geburtenrate verkündete, führen das Experten auch auf Mauscheleien der Bevölkerungsplaner in der Provinz zurück: Um die verordneten Quoten zu erreichen, werden die Statistiken kurzerhand nach unten korrigiert. Weitere perverse Folge solch verordneter Familienplanung in einer weiter traditionell geprägten Gesellschaft: Jedes Jahr werden 3,6 Millionen mehr Jungen als Mädchen in der Volksrepublik geboren, wie im englischsprachigen *China Daily* nachzulesen war. Weibliche Föten werden öfter abgetrieben, und vielfach werden Mädchen nach der Geburt umgebracht oder ausgesetzt.

Als leuchtendes Gegenbeispiel für den Erfolg von Familienplanung führen Bevölkerungswissenschaftler stets Thailand auf. Innerhalb von 20 Jahren stieg der Anteil von Frauen, die Verhütungsmittel benutzen von 15 auf 70 Prozent – mit eindeutigen Folgen. Die Zahl der Geburten ging dramatisch zurück von 6,1 auf heute 2,2, während die Wirtschaftskurven nach oben schnellten: 4,2 Prozent Wachstum seitdem Jahr für Jahr, der landwirtschaftliche Produktionszuwachs liegt durchschnittlich bei 3,2 Prozent. Ähnliche Erfolge werden aus Indonesien, Simbabwe, ja selbst aus Bangladesch gemeldet, noch immer eines der am schnellsten wachsenden Länder der Welt. Doch wurde dort der Gebrauch von Verhütungsmitteln innerhalb eines Jahrzehnts auf heute 40 Prozent verdoppelt. Allen erfolgreichen Programmen ist offenbar gemeinsam, daß nicht eine Verhütungsmethode verordnet wird, sondern daß vor allem deutlich gemacht wird, daß Verhütung wirtschaftliche Verbesserungen verheißt und soziales Prestige bringt. Überall läßt sich zudem ein einfacher Mechanismus beobachten: Jedes Jahr, das Frauen länger zur Schule gehen können, senkt die Kinderzahl. „In Simbabwe beispielsweise", hieß es im Weltbevölkerungsbericht der UNFPA 1991, „bringen Frauen ohne Schulbildung durchschnittlich sieben Kinder zur Welt, während Frauen mit höherer Schulbildung weniger als vier bekommen." Für UNFPA-Direktorin Nafis Sadik ist der Zugang zur Familienplanung auch deshalb „ein Menschenrecht", weil sie Frauen Chancen und Perspektiven eröffnet.

In einem Interview der *Süddeutschen Zeitung* verwies die UNFPA-Direktorin aber auch auf das entscheidende Manko der internationalen Bevölkerungspolitik: Es wird schlichtweg zuwenig für sie getan. Allein um das Wachstum der Menschheit auf dem bereits erwähnten, mittleren Niveau zu halten, müßten die Aufwendungen für Familienplanung

Das soziale Ungleichgewicht

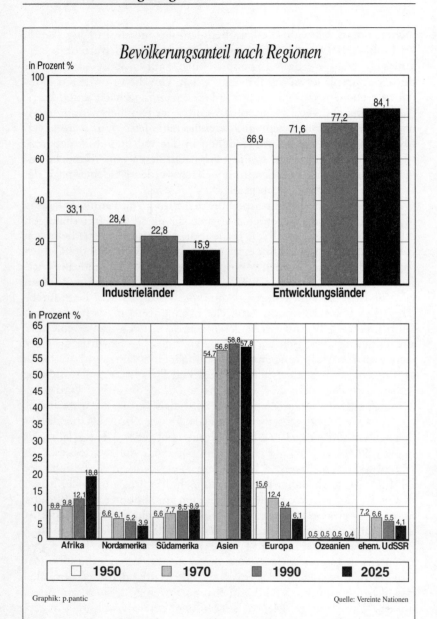

in den Entwicklungsländern bis zum Jahr 2000 auf neun Milliarden Dollar steigen, also auf das Doppelte der heute jährlich dafür ausgegebenen Summe. Das meiste zahlen die Entwicklungsländer übrigens selbst: Von den 4,75 Milliarden Dollar stammen nur 800 Millionen aus dem Norden oder von internationalen Organisationen.

Doch ist die Pille allein keine Medizin gegen das Bevölkerungswachstum, ist Geld allein für Geburtenkontrolle nicht die erfolgversprechende Rezeptur. „Entwicklung ist das beste Verhütungsmittel", hatte der Leiter der indischen Delegation auf der Weltbevölkerungskonferenz von Bukarest schon im Jahre 1974 gesagt. Daran hat sich nichts geändert (höchstens dürfte heute anders definiert werden, was unter Entwicklung verstanden wird). Nicht die Zahl der Menschen ist entscheidend, sondern die Konsequenzen, die die Bevölkerungsexplosion auf das Zusammenleben der Menschen und auf die Umwelt hat. Schon vor Jahren hatte die amerikanische Ethnologin Margaret Mead in Lateinamerika eine Beobachtung gemacht, die sich ohne weiteres verallgemeinern läßt: „Die Leute hungern nicht, weil sie zu viele sind. Sondern sie sind zu viele, weil sie hungern."

32 *Das soziale Ungleichgewicht*

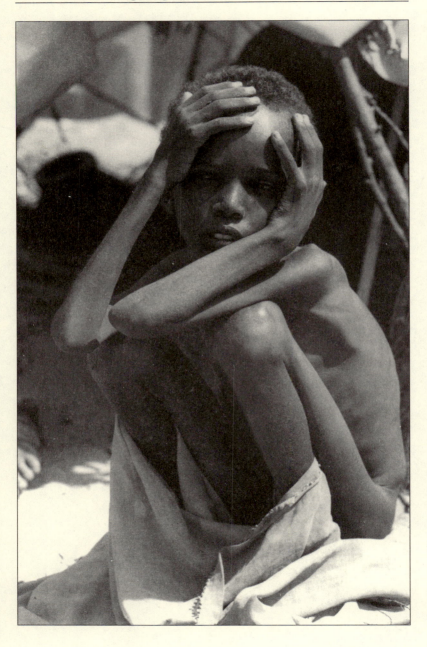

2. Das Elend der Massen

Der Sonnenuntergang ist wunderschön am Nariman Point. Langsam versinkt die rote Glut im Arabischen Meer, die Dreiecks-Silhouetten kleiner Lastensegler gleiten über die glitzernde See, die auf Reede liegenden Frachter haben bereits ihre Positionslampen gesetzt. Vom Nariman Point aus, auch die Goldene Meile von Bombay genannt, weil in den Bürotürmen an diesem Uferboulevard Indiens Geldadel seine Geschäfte abwickelt, also vom Nariman Point aus kann man das Elend in Indiens zweitgrößtem Städteungeheuer im wörtlichen Sinne hinter sich lassen: Wer aufs Meer hinausblickt, kehrt dieser auf einstigem Sumpfgelände errichteten gigantischen Ansammlung von Hochhäusern und Wohnblöcken, Villen und Hütten, Palästen und Planenverhauen den Rücken zu und mag für einen Moment der grenzenlosen Not in der Zwölf-Millionen-Metropole entkommen – bis ein kleiner Betteljunge den Tagträumer wieder in die Realität des alltäglichen Alpdrucks von Bombay zurückholt. Szenenwechsel: Nicht weit von der Mahatma Gandhi Road, im Norden der Stadt, liegt eine öffentliche Bedürfnisanstalt, eine Reihe von einem Dutzend, vielleicht zwanzig Bretterverschlägen an einer belebten, stets verstopften Durchgangsstraße – in dieser Gegend von Bombay ist selbst eine solche Latrine schon ein ungeheurer Luxus und Wasser eine rationierte Kostbarkeit. Hier, wo die Menschen auf der Straße einfach alles machen, wo sie essen und sich gleich nebenan am Rinnstein, so noch vorhanden, wieder entleeren – weil sie sich das stillere Örtchen schlicht nicht leisten können. Hier, wo sie unter einer aus Plastikfetzen zusammengeflickten Plane schlafen und arbeiten, wenn sie fast schon unverschämtes Glück haben. Hier, wo Frauen im Akkord schwere Gesteinsbrocken herbeischleppen und zu Kieseln zerhämmern, wo Kinder den aus den Autos herausgeworfenen Müll sortieren und für ein paar Rupien vielleicht verkaufen. Hier werden die Menschen in der Gosse geboren, nur um dort elendig zu verrecken. Der Moloch Bombay hat zweifellos viele Gesichter, doch zu viele sind Fratzen; zu oft guckt man in Augen, in denen der einzige Hoffnungsschimmer von der Aussicht entzündet wird, daß die paar Rupien, die der Fremde gibt, vielleicht das Überleben der Familie für die nächsten Tage sichern könnte. Wie in vielen großen Metropolen der Dritten Welt stoßen in Bombay sa-

◄ *In vielen Teilen der Welt stellt sich Menschen nicht die Frage, wie sie ihr Leben gestalten, sondern wie sie überleben: Ein Hunger-Flüchtling in Somalia.*

genhafter Reichtum und massenhafte Armut kraß aufeinander. Die Hälfte des indischen Außenhandels wird über Bombay abgewickelt, fast ein Drittel der Steuereinnahmen des Riesenlandes werden hier erwirtschaftet; die städtischen Tourismusmanager preisen ihre Stadt als „Indiens finanzielles Kraftzentrum, industrielles Herzland und ökonomisches Nervenzentrum der Nation". Das hat sich im Land herumgesprochen: Zu Millionen zogen die Menschen – wie überall in der Dritten Welt – in die Stadt; und noch immer sind es Hunderte jeden Tag, die in Bombay eintreffen. Wieviel, weiß keiner genau, wie sollte man die Neuankömmlinge auch zählen? Innerhalb von drei Jahrzehnten hat sich die Einwohnerzahl Bombays vervierfacht – ohne daß die Menschen eine andere Perspektive haben, als im Elend zu überleben. Die Hälfte der zwölf Millionen haust in Slums, irgendwo im Abgasnebel am Straßenrand, am Bahndamm oder in den Chawls, Fabrikruinen aus der Kolonialzeit. Die Zahl der Arbeitsplätze in der Industrie verringert sich aber ständig, und entsprechend steigt die Zahl derjenigen weiter an, die sich nur mit Gelegenheitsjobs oder Lumpensammeln über Wasser halten können. Das ist das Bombay der Millionen, und dieses Bombay gleicht eher einer Stadt, deren Nerven bloßliegen, einer Stadt, die an ihren inneren Wunden allmählich zu verbluten droht und deren Bewohnern langsam aber stetig die Kraft für ein menschenwürdiges Leben abhanden kommt.

In vielen Ländern dieser Welt stellt sich den Menschen nicht die Frage, wie sie ihr Leben gestalten können, sondern wie sie es anstellen, überhaupt zu überleben. Wohl ein Viertel der Menschheit lebt in absoluter Armut, so die Schätzungen von Weltbank und Unterorganisationen der Vereinten Nationen. Mehr als 200 Millionen Menschen wissen am Morgen nicht, ob sie bis zum Abend genügend Eßbares auftreiben können, sind Tag für Tag vom Hungertod bedroht, „überlebensgefährdet", wie es in der nüchternen Sprache der Entwicklungspolitiker heißt. Angesichts der Dimension des globalen Elends hat sogar die Weltbank, die in den achtziger Jahren von den verschuldeten Entwicklungsländern radikale Sanierungsprogramme ihrer Wirtschaft ohne Rücksicht auf die sozialen Folgen verlangte, das Ruder herumgerissen. Der Abbau der Armut ist inzwischen „übergreifendes Ziel der Weltbank", wie es ihr Präsident Lewis Preston formuliert. Der Erfolg bei der Armutsbekämpfung sei die Meßlatte, die in Zukunft an die Arbeit seiner Organisation zu legen sei. Starke Worte, die zumindest eines anzeigen: Das Bewußtsein für die Brisanz des globalen Sprengstoffs Armut wächst allmählich. Im Jahr des Golfkriegs hatte der damalige Generalsekretär der Vereinten Nationen, Javier Pérez de Cuellar, vor den ständig wachsenden „nicht-militärischen Gefahren" für den Frieden in der Welt gewarnt. Denn der sei in erster Linie nicht durch militärische Aggressionen bedroht (wie etwa die des größenwahnsinnigen Despoten aus Bagdad), sondern durch Unruhen, die auf wirtschaftliche Ungleichheiten und soziales Unrecht zurückgingen, in einem Wort: auf die wachsende Armut in der Dritten Welt.

Was heißt Armut überhaupt? In nackten Zahlen bedeutet sie: 1,4 Milliarden Menschen gelten weltweit als absolut arm, sie müssen von weniger leben als dem Gegenwert von einem Dollar pro Tag; für eine Bratwurst am Stehimbiß um die Ecke legen wir – umgerechnet – allein schon zwei Dollar auf die Theke. Wenn das Beispiel auch ein wenig unappetitlich sein mag: Hunderte Millionen Menschen müssen es ihr Leben lang irgendwie fertigbringen, von weniger als dem Gegenwert einer halben Bratwurst am Tag satt zu werden. Mehr als 600 Millionen Menschen hungern heute nach Schätzungen der Weltbank, am Ende des Jahrzehnts werden es vermutlich eine Milliarde sein.

Der „Dollar pro Tag" ist die statistische Marke, an der die Weltbank Armut mißt – eine nicht unumstrittene Grenze, aber doch die Größe, auf die sich die meisten einigen können, wenn sie von Armut sprechen. Fällt das jährliche Pro-Kopf-Einkommen gar unter 275 Dollar, spricht die Weltbank von extremer Armut. Auch in den Industriestaaten leben Millionen unterhalb der Armutsgrenze. Doch wird die in den Industriestaaten natürlich ganz anders vermessen, als es die Weltbank tut: Die katholische Wohlfahrtsorganisation Caritas schätzt, daß jeder zehnte Deutsche unter der Armutsgrenze leben muß. Der Internationale Fonds für ländliche Entwicklung (IFAD), eine Sonderorganisation der Vereinten Nationen, berechnet denn auch für jedes Land individuell eine eigene Armutsgrenze – kommt aber in einer 1992 veröffentlichten Studie zu ähnlichen Ergebnissen wie die Weltbank oder das UNDP. Mindestens 1,25 Milliarden Menschen in den Entwicklungsländern müssen danach als arm gelten.

Die IFAD-Studie liefert übrigens den statistischen Hintergrund für das Phänomen, das beispielsweise Bombay in den letzten Jahrzehnten so ungeheuerlich hat wachsen lassen: die massenhafte Landflucht. Denn der größte Teil der Armen in der Dritten Welt lebt auf dem Land. 80 Prozent sind es nach der Erhebung des IFAD. Frauen stellen inzwischen den größeren Anteil, viele Männer sind in der Hoffnung auf ein besseres Auskommen in die Städte abgewandert.

Auch regional ist die Armut nicht nur zwischen Nord und Süd, sondern auch in der Dritten Welt selbst sehr unterschiedlich verteilt. Natürlich gibt es da nur Annäherungswerte. So weist etwa das UNDP für Indien aus, daß 48 Prozent der Bevölkerung unter der Armutsgrenze leben müssen, die Weltbank spricht für ganz Südasien von 49 Prozent, für Schwarzafrika von 48 Prozent. Doch während sie in Lateinamerika nur ein gutes Viertel der Bevölkerung (26 Prozent) unter dieser Linie sieht, spricht die UNO-Wirtschaftskommission für Lateinamerika, CEPAL, von 46 Prozent.

Wie immer man den Zahlensalat im einzelnen analysieren oder erklären mag, in jedem Fall ist eine Beobachtung nicht von der Hand zu weisen: Die Zahl der Armen wird weltweit immer größer, und zwar dort, wo es prozentual schon jetzt am meisten gibt, wo die Zahl der Menschen am schnellsten zunimmt. Afrika und Südasien werden immer ärmer: Während der Anteil dieser Regionen an der Weltbevölkerung innerhalb von drei Jahrzehnten von 27 auf 32 Prozent anstieg, sank im selben Zeitraum von 1960 bis 1989 ihr Anteil an der weltweiten Wirtschaftsleistung um ein Fünftel, ihr Anteil am Welthandel wurde sogar halbiert, wie das UNDP errechnet hat. Und in den ersten Jahren dieses Jahrzehnts ist das statistische Pro-Kopf-Einkommen in Schwarzafrika jeweils um fast ein Prozent gefallen. Die Liste der Länder, die weltweit als die Ärmsten der Armen gelten, die *Least developed countries,* wird immer länger. Die vorerst letzte Erweiterung nahm die Vollversammlung der Vereinten Nationen im Herbst 1991 vor: Seitdem stehen 47 Länder auf dieser Liste. Auffällig ist die regionale Verteilung: 32 afrikanische Staaten sind verzeichnet, 14 Staaten in Asien und dem Pazifik-Raum, aber nur ein lateinamerikanisches Land, nämlich Haiti.

Doch genug der Zahlen – das Ausmaß der globalen Krankheit ist umrissen. Und die Symptome kommen bei leichtem Nachdenken rasch in Erinnerung: etwa die Rückkehr der Cholera nach Lateinamerika im Sommer 1991, oder die Plünderungen der verhaßten Supermärkte für die Reichen und Westler in Kinshasa im Herbst desselben Jahres, die Hungerrevolten in den Vororten der einstigen Traumstadt Rio de Janeiro im Frühjahr 1993. Das Elend hat viele Gesichter, doch das Erscheinungsbild der Menschheitskrankheit Armut ist weltweit

Das Elend der Massen

Die Zahl der Armen wächst unaufhaltsam – und zwar dort am schnellsten, wo es ohnehin bereits heute die meisten Armen gibt: Wasserträger in Kalkutta.

gleich: Hunger und Unterernährung, Gesundheitsmisere und Wohnungselend, Bildungsnotstand und soziale Krise.

Hunger und Unterernährung

Immer wieder wird die Welt von Katastrophenbildern aufgeschreckt, wie sie 1992 aus Somalia per Satellitenantenne direkt in die Wohnzimmer gesendet wurden. Wenn auch spät, so rollte dann doch eine weltweite Hilfskampagne an, die sicherlich Hunderttausende, wenn nicht Millionen vor dem Verhungern gerettet hat. Unsere Aufnahmekapazität für Katastrophenmeldungen muß aber irgendwie begrenzt sein (die erwähnte *distaster fatigue*), denn wer kann sich noch an den Alarmruf erinnern, den die katholische Hilfsorganisation Caritas im Sommer desselben Jahres verbreitete: „Eine Million Menschen sind derzeit im Süden Madagaskars von einer dramatischen Hungersnot betroffen", hieß es damals in einer Meldung der Katholischen Nachrichtenagentur KNA. Die Hilfsorganisation CARE sprach im Juli 1992 sogar von der „größten Hungerkatastrophe seit 50 Jahren in Afrika" (wobei man sich fragt, wieviel Verantwortungsbewußtsein die Verbreiter solch zweifelhafter Superlative eigentlich haben, die viel von reißerischer Panikmache und kaum etwas von seriöser Auseinandersetzung mit dem konstanten Hungerproblem ahnen läßt). Die *Welt* berichtete von einer „verheerenden Dürre im Süden Afrikas" und drei Millionen Hungernden allein in Mosambik. Wenig ist von diesem Notstand im Bewußtsein hängengeblieben.

Dabei gehören Hunger und Unterernährung in vielen Regionen der Welt – und nicht nur in afrikanischen Ländern – zum täglichen Streß. Nach jüngsten Erhebungen der Welternährungsorganisation der Vereinten Nationen, der FAO, sind 20 Prozent der Bevölkerung in den Entwicklungsländern chronisch unterernährt, knapp 800 Millionen Menschen. Sie können über längere Zeit nicht einmal den Energiebedarf decken, der nötig wäre, um leichte Arbeiten zu verrichten. Die Folgen liegen auf der Hand: Lethargie, körperliche und geistige Verkümmerung. Bei der Veröffentlichung der Zahlen im Sommer 1992 sprach die FAO zu Recht von einem Erfolg: Noch knapp 20 Jahre zuvor waren 36 Prozent der Menschen im Süden (941 Millionen) unterernährt gewesen. Doch bei allen Erfolgen im Kampf gegen den Mangel, besonders in Südostasien, darf nicht vergessen werden, daß die

Hungerstatistiken wie die Zahlen der globalen Armut ihre Tücken haben. So verbirgt sich ein Pferdefuß im Vergleich der beiden 20 Jahre auseinanderliegenden FAO-Statistiken, die nicht ganz zusammenpassen: Denn 1992 waren erstmals auch die 1,1 Milliarden, meist gut ernährten Chinesen erfaßt: Das trug natürlich dazu bei, daß der Anteil der Unterernährten weltweit statistisch gesunken ist. In allen anderen Dritte-Welt-Regionen außer in Asien aber ist die Zahl der Unterernährten angestiegen, in Afrika dramatisch um 67 Millionen auf 168 Millionen Menschen, ein Drittel der Bevölkerung des Schwarzen Kontinents. Im Nahen Osten stieg die Zahl der chronisch Unterernährten von 24 auf 31 Millionen an, und in Lateinamerika von 54 auf 59. Daß Hunger und Mangel dort gerade in den letzten Jahren wieder auf dem Vormarsch sind, zeigen die Statistiken: Während die Zahl der Unterernährten in den siebziger Jahren kontinuierlich gefallen ist, steigt sie deutlich wieder an, seitdem der Kontinent in der wirtschaftlichen Misere steckt. So veröffentlichte das mexikanische Kinderhilfswerk ARDF im August 1992 einen Appell an die Regierung, mehr gegen die um sich greifende Unterernährung im Lande zu tun: Jeden Tag sterben in Mexiko 500 Kinder unter sieben Jahre, weil sie nicht genug zu essen bekommen. Tendenz steigend.

Auch aus anderen Weltregionen kommen Meldungen, die ins optimistische Bild der FAO dunkle Tupfer einfügen. Beispielsweise berichtete Gabriele Venzky in der *Zeit*, daß allein in Indien hundert Millionen Menschen hungern und dursten, daß jeder sechste Inder auf dem Land nicht genug zu essen hat. In Schwarzafrika wird sich die Zahl der Kinder mit Untergewicht nach Schätzungen der Weltgesundheitsbehörde WHO in den 30 Jahren von 1975 bis 2005 von 17,4 Millionen auf 34,9 Millionen mehr als verdoppeln – und das, obwohl ihr Anteil prozentual sogar leicht zurückgehen wird. Das Kinderhilfswerk der Vereinten Nationen, UNICEF, schätzt, daß in Schwarzafrika 44 Prozent aller Zwei- bis Fünfjährigen, in Südasien sogar 64 Prozent in der Entwicklung zurückgeblieben sind, weil ihre Eltern sie nicht ausreichend ernähren konnten.

Und auch das, obwohl nicht nur der Überfluß im Norden gewachsen ist, sondern auch die Menschen in der Dritten Welt im statistischen Durchschnitt mehr zu essen hatten: Im Jahresbericht 1992 schreibt der Weltbevölkerungsfonds, daß der Kalorienverbrauch von 1930 auf 2474 Kalorien innerhalb von gut 25 Jahren (Stand 1989) angestiegen sei – nur zum Vergleich: ein Europäer nimmt 3450, ein

Amerikaner gar 3600 Kalorien am Tag zu sich. Weltweit, so schätzt die FAO, standen gegen Ende der achtziger Jahre genug Lebensmittel zur Verfügung, um jeden einzelnen der damals 5,2 Milliarden Menschen zu ernähren. In den Lagerhallen der EG, so beklagte sich die Welthungerhilfe im Herbst 1992, lagern wahre Getreideberge, damals 23 Millionen Tonnen – 105 Supertanker von der Größe einer *Exxon Valdez* nur voller Weizen oder Mais. Was für Möglichkeiten, den Hunger zu beseitigen (ganz abgesehen allerdings davon, welch unglückselige Folgen unüberlegte Nahrungsmittelhilfe beispielsweise aus der EU auf lange Sicht schon hatte; doch davon später).

Gesundheitsmisere

Wie tief die Dritte Welt in die Gesundheitskrise geschlittert ist, macht eine Rückblende in die siebziger Jahre deutlich. Damals, die Dritte Welt war nach der ersten Ölkrise als politische Größe ins Bewußtsein der Industrieländer gerückt, beschloß die WHO ihr Programm „Gesundheit für alle im Jahr 2000". Das war 1977; innerhalb eines knappen Vierteljahrhunderts, so die optimistischen Prognosen, sollten die häßlichsten Infektionskrankheiten besiegt, sollte die medizinische Versorgung der Menschheit im großen und ganzen sichergestellt sein. Heute, nur noch wenige Jahre von der magischen Marke der Jahrtausendwende entfernt, wissen wir, daß die WHO grandios gescheitert ist – und das nicht nur, weil man 1977 noch nichts von der Todesspur des Aids-Virus ahnen konnte. Krankheiten sind in der Dritten Welt weiterhin auf dem Vormarsch.

Beispiel Cholera: Trotz aller Bemühungen der WHO hat sich diese uralte Geißel der Menschheit wieder fest in Afrika und Lateinamerika eingenistet. 600 000 Krankheitsfälle waren es 1991, dem Jahr als sie erstmals wieder weltweit Schlagzeilen machte.

Beispiel Malaria: Zwischen 270 und 300 Millionen Menschen leiden in 90 Ländern der Erde an Malaria, vor allem aber in Afrika, und Rettung durch einen wirksamen Impfstoff ist nicht in Sicht. Bis zu zwei Millionen sterben jährlich an der Fieberkrankheit, die WHO mußte einräumen, daß es bald fünf Millionen sein könnten. Und nur nach einem dramatischen Appell der WHO schickte ein Schweizer Pharmakonzern eine halbe Million Tabletten nach Kambodscha, weil dort eine neue, besonders schwere Malariaform sich zu verbreiten droht.

Das Elend der Massen 41

Beispiel Hepatitis B: Zwei Milliarden Menschen sind infiziert, 325 Millionen chronisch erkrankt, ein bis zwei Millionen Menschen sterben jedes Jahr. Der Impfstoff, so ermittelte Heidrun Graupner in der *Süddeutschen Zeitung*, ist prinzipiell vorhanden, nur in vielen Ländern der Dritten Welt ist er für die Menschen einfach zu teuer.

Beispiel Durchfallerkrankungen: An ihnen leiden jedes Jahr 1,4 Milliarden Menschen. Allein drei Millionen Kinder sterben Jahr für Jahr, weil ihre Körper innerhalb kürzester Zeit austrocknen; 90 Prozent könnten durch einfachste Mittel gerettet werden.

Beispiel Tuberkulose: Fast drei Millionen Menschen fallen ihr in der Dritten Welt Jahr für Jahr zum Opfer. Dabei könnte sie mit wenig Aufwand bei 98 Prozent aller Erkrankten geheilt werden, wie Alphons Studier vom Deutschen Übersee-Institut in Hamburg errechnet hat.

Schließlich das Beispiel Aids: Mehr als 14 Millionen Menschen waren 1993 weltweit HIV-infiziert, davon allein die Hälfte in Afrika; insgesamt leben 80 Prozent aller Infizierten in der Dritten Welt. Nach Schätzungen der WHO werden im Jahr 2000 rund 40 Millionen Menschen infiziert sein – die meisten im Süden. Vor allem junge Frauen und Männer erkranken, die Generation, auf die eine Gesellschaft eigentlich setzt. Und nicht nur in Afrika werden ganze Landstriche entvölkert sein. In Asien, so warnte die WHO 1992, verbreite sich das Virus so schnell, wie ein Jahrzehnt zuvor in Afrika, als man von seiner Existenz noch kaum etwas wußte.

Diese Liste der Dritte-Welt-Erkrankungen ist freilich unvollständig. Auch die Lepra, der schon in der Bibel beschriebene Aussatz, scheint wieder auf dem Vormarsch zu sein. Über das tückische Dengue-Fieber erzählen sich Tropenreisende wahre Schauermärchen, von Wurmerkrankungen und anderen durch Parasiten übertragenen Krankheiten ganz zu schweigen und von den Folgeerkrankungen wegen Vitaminmangels gar nicht zu reden: 500 000 Kinder in der Dritten Welt erblinden nach Schätzungen der FAO jedes Jahr, weil sie nicht genug Vitamin A erhalten.

Aber natürlich dürfen die Erfolge nicht unter den Tisch gekehrt werden. Wer spricht heute noch von Pocken? 1973 wurden sie ausgerottet. Zwar wird der Polio-Virus noch immer übertragen. 100 000 Kinder werden jedes Jahr dauerhaft gelähmt, weil sie vom Virus befallen worden sind, doch noch vor zehn Jahren waren es eine halbe Million. Das Kinderhilfswerk UNICEF hofft, die Krankheit bis zum Jahr 2000 ebenfalls auszurotten. Schließlich ist überhaupt die Lebenserwar-

42 *Das soziale Ungleichgewicht*

Fließend Wasser, Toiletten, Strom – Selbstverständlichkeiten für uns im Norden – in Mega-Metropolen wie Kalkutta müssen die Ärmsten sich auf der Straße waschen.

tung weltweit enorm angestiegen. Lag sie 1960 in den Entwicklungsländern noch bei 46 Jahren (in den Industriestaaten damals 69 Jahre), so wurde sie drei Jahrzehnte später mit fast 63 Jahren berechnet (Industrieländer: 74,5). In den ärmsten Ländern (LDC) kletterte sie allerdings nur von 39 auf 51 Jahre.

Doch werden die unbestreitbaren Erfolge der Gesundheitsprogramme immer mehr durch die rapide Zunahme der Armutserkrankungen in Frage gestellt. So stellte das Bonner Entwicklungsministerium (BMZ) fest: „Die meisten Krankheiten in Entwicklungsländern sind armutsbedingt und treten vor allem unter der ländlichen Bevölkerung und unter den Slumbewohnern in den städtischen Ballungsgebieten auf. Die meisten Erkrankungen könnten ohne umfangreiche und kostspielige Gesundheitseinrichtungen... oft schon durch Aufklärung und präventive Medizin geschwächt oder sogar völlig verhütet werden." Ein Großteil der Krankheiten in der Dritten Welt haben ihre Ursache einfach darin, daß die elementaren hygienischen und medizinischen Voraussetzungen nicht erfüllt werden können: 1,5 Milliarden Menschen müssen schmutziges Wasser trinken, ohne sanitäre Einrichtungen leben 2,3 Milliarden Menschen, und 1,5 Milliarden Menschen fänden bei Bedarf nicht rechtzeitig medizinische Hilfe, in den ärmsten Ländern der Welt ist davon mehr als die Hälfte der Bevölkerung betroffen. Und schlimmer noch: Aussicht auf Besserung ist kaum vorhanden. Die Gesundheitsausgaben in der Dritten Welt sind zurückgegangen, zumeist sind sie sogar unter fünf Dollar pro Kopf und Jahr gefallen.

Wohnungselend

Fließend Wasser, Strom und Heizung – Selbstverständlichkeiten für uns im Norden. Doch für viele Menschen in der Dritten Welt ist allein schon ein festes Dach über dem Kopf ein unbeschreiblicher Luxus, von den genannten Annehmlichkeiten unseres täglichen Lebens ganz zu schweigen. In Bombay etwa fehlen nach einem Bericht der *Frankfurter Rundschau* jeden Tag eine Milliarde Liter Trinkwasser, eine Stromversorgung gibt es zumeist nur außerhalb der Slums. Auf einen bewohnbaren Raum (was immer das heißen mag) kommen in Indiens Städten 2,8 Menschen – zum Vergleich: In Deutschland sind es 0,6, also statistisch kann sich jeder von uns fast über zwei Zimmer ausbreiten. Am dichtesten ist in Indien Kalkutta besiedelt: 88135 Menschen drängen sich hier auf einem Quadratkilometer, in der Wolkenkratzer-Metropole New York leben auf derselben Fläche nur ein Zehntel dieser Zahl, nämlich 8722 Menschen; in München gar, der dichtbesiedelsten Stadt in Deutschland sind es nur 4192 Menschen, die sich auf einem Quadratkilometer verlieren, der Fläche von 136 Fußballfeldern.

Doch oft ist die Situation in den Dritte-Welt-Metropolen noch nicht einmal die schlimmste – wenn man sie mit den Wohnverhältnissen auf dem Land vergleicht. Ein Bericht aus Guatemala, den der Mitarbeiter des katholischen Hilfswerks Misereor Hans Peter Gohla in der *Zeit* veröffentlichte, beschreibt plastisch die alltägliche Wohnqual von Hunderten von Millionen Armen auf dem Land rund um den Globus: Die Landarbeiter „haben in der Regel nur einen einzigen Raum für ihre Familie. Noch viel übler sieht die Situation aus für die Tagelöhner, die zur Erntezeit kommen. Sie werden in riesigen Baracken – *galeras* – untergebracht; jede Familie erhält einen Verschlag von einigen Quadratmetern. Es gibt keine Betten, kein Licht, kein Wasser, keine Toiletten. Es gibt nur ein Dach und die Wände. Hier leben die Familien, Männer, Frauen, Kinder, zusammen mit ihren Hunden, Katzen, Hühnern, mit all dem Ungeziefer."

Statistiken über die Wohnsituation in den Entwicklungsländern werden durch solche Berichte sicherlich ein wenig anschaulicher. Natürlich ist das nicht überall in der Dritten Welt so, nur die Zahl der Menschen, die unter solch erbärmlichen Bedingungen hausen muß, nimmt erheblich zu. 62 von 100 neugegründeten Familien in den Entwicklungsländern müssen so in behelfsmäßigen Unterkünften in den Slums der Großstädte oder einfach auf der Straße leben. Dies ergab eine Erhebung der Vereinten Nationen für die zweite Hälfte der achtziger Jahre. Zehn Jahre zuvor konnte noch mehr als die Hälfte aller jungen Familien mit Wohnungen versorgt werden, auf 100 neue Haushalte kamen 53 neue Wohnungen – zehn Jahre später waren es eben nur noch 38. In den Industriestaaten kamen übrigens in derselben Zeit 146 neue Wohnungen auf 100 neue Haushalte.

Bildungsnotstand

Eigentlich hätte die Bildungsgeschichte der letzten Jahrzehnte in der Dritten Welt eine Erfolgsstory sein können. 1970 besuchten 311 Millionen Kinder die Grundschule, 1986 waren es schon 480 Millionen.

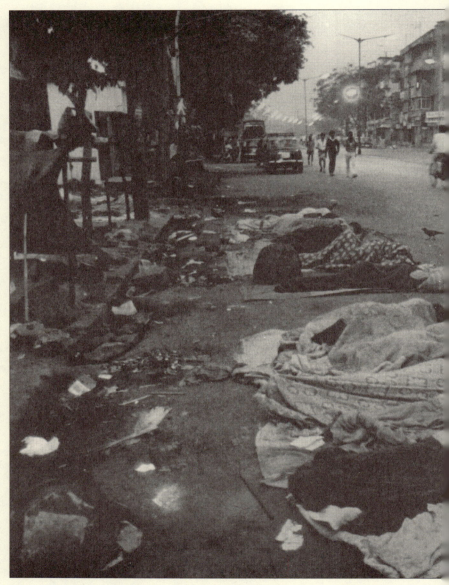

Wo ein festes Dach über dem Kopf ein unbeschreiblicher Luxus ist: Straßenbild aus Bombay, das ähnlich aber in allen Mega-Metropolen zu sehen wäre.

Das Elend der Massen

Die Einschulungsraten schnellten dramatisch in die Höhe: 1960 wurden drei Viertel aller Jungen und nicht einmal die Hälfte aller Mädchen für die Schule angemeldet. 25 Jahre später waren es praktisch alle Jungen und immerhin neun Zehntel aller Mädchen (der tatsächliche Schulbesuch lag allerdings deutlich niedriger). Auch die zahlreichen Alphabetisierungskampagnen zeigten Erfolge: 1970 konnten erst 46 Prozent aller Erwachsenen in der Dritten Welt lesen und schreiben, heute sind es immerhin 64 Prozent.

Doch am Ende des Jahrtausends wird die Story vermutlich sehr viel düsterer ausfallen, denn zwei Faktoren haben den Trend deutlich abgeschwächt, in Afrika sogar gewendet. Da ist zunächst die ständig wachsende Zahl der Kinder, die keinen Platz mehr in den Schulhäusern finden, für die es keine Lehrer mehr gibt. Nach Berechnungen der UNO dürften es mittlerweile 330 Millionen Kinder sein. Und die Entwicklungsbehörde der Vereinten Nationen schätzt, daß zudem 325 Millionen Kinder ihre Schulausbildung vorzeitig abbrechen. Obwohl die Alphabetisierungsrate stieg, wuchs die Zahl der Analphabeten von 842 auf 907 Millionen Menschen (von 1970 bis 1985). Der Weltbevölkerungsfonds kommentiert das so: „Also standen am Ende von 15 Jahren Fortschritt weitere 65 Millionen Menschen, die nicht lesen und schreiben konnten. Weitere 65 Millionen, die keine Gebrauchsanweisungen auf einem Saatgutbeutel oder öffentliche Bekanntmachungen lesen können, weitere 65 Millionen, die ihre gesetzlichen Ansprüche und politischen Rechte nicht vollkommen ausschöpfen können." 1993 übrigens waren es bereits 948 Millionen Analphabeten – weitere 41 Millionen...

Zum wachsenden Bevölkerungsdruck kam die Wirtschaftskrise, die in den achtziger Jahren vor allem die ärmsten Länder gebeutelt hat, und mit ihr die neue Bildungskrise. Denn wenn das Geld knapp wird, gibt es einen einfachen Mechanismus: „An den Schulen wird zuerst gespart", wie Wolfgang Kunath in der *Stuttgarter Zeitung* feststellte. In mehr als der Hälfte aller Entwicklungsländer sanken die Ausgaben für einen Grundschüler real (das heißt inflationsbereinigt). Die Folgen ließen nicht auf sich warten: In fast der Hälfte der Entwicklungsländer, 45 Prozent, ist die Einschulungsrate einer 1990 veröffentlichten Studie der Erziehungsorganisation der Vereinten Nationen, UNESCO, zufolge wieder rückläufig. In Afrika ist dieser Trend besonders dramatisch. 1980 wurden noch vier Fünftel aller Kinder in einer Schule angemeldet (das heißt nicht, daß sie auch tatsächlich kamen), 1986 waren es aber nur noch gut drei Viertel.

Und damit ist noch nicht einmal die Rede von den zwangsläufig oft hoffnungslos überlasteten Lehrern und den erbarmungswürdigen Zuständen in den Schulen. Um sich und die eigenen Familien überhaupt über Wasser halten zu können, müssen viele Lehrer noch einem zweiten oder gar dritten Job nachgehen, Nachhilfe geben, Taxi fahren, auf dem Feld arbeiten. Öfter einmal können sie deshalb selbst gar nicht zum Unterricht kommen. Dabei fressen in manchen Ländern die Gehälter der Lehrer schon 97, sogar 99 Prozent des Grundschuletats, wie Kunath vorrechnet. Und wie es in Schulen aussieht, kann man sich vielleicht besser nach der Lektüre einer Untersuchung über die Schulen auf dem flachen Land in Mosambik vorstellen, die im UNICEF-Bericht 1990 so zusammengefaßt wurde: „Nur drei Prozent der Schüler hatten Stühle und Tische, nur 17 Prozent der Klassenzimmer hatten ein Lehrerpult, nur fünf Prozent der Schüler im ersten Schuljahr hatten ein Sprachlehrbuch, und nur 13 Prozent hatten Mathematikbücher."

Die Vorgabe des Kindergipfels von 1990, daß bis zum Jahr 2000 alle Kinder eine Grundschule besuchen sollten und mindestens 80 Prozent diese auch abschließen sollten, ist durch die Entwicklungen der letzten Jahre längst zur Illusion geworden. Höchstens die Länder im östlichen Asien (also vor allem China) und mit knapper Not auch die arabischen Länder könnten das Ziel erreichen, wie die UNESCO prognostiziert. Tatsächlich wurden aber in den am wenigsten entwickelten Ländern nach Ermittlungen des Kinderhilfswerks UNICEF Ende der achtziger Jahre nur 54 Prozent aller Jungen, und nicht einmal die Hälfte aller Mädchen (nämlich 44 Prozent) eingeschult.

Der Weltbevölkerungsfonds wird nicht müde, auf die Bedeutung der Grundbildung gerade bei Frauen hinzuweisen. Je länger Frauen eine Schule besuchten, desto weniger Kinder haben sie. In Pakistan beispielsweise, wo nur 17 Prozent der Mädchen zur Schule gehen und nur 21 Prozent der Frauen lesen und schreiben können, liegt die durchschnitttliche Geburtenrate bei 5,9 Kindern pro Frau. In Thailand dagegen, wo nur noch 10 Prozent der Frauen Analphabeten sind, hat eine Frau im Schnitt 2,2 Kinder. Die Weltbank hat zudem Untersuchungen vorgelegt, die den volkswirtschaftlichen Nutzen besserer Schulausbildung belegen. Wo ein Erwachsener zumindest dreieinhalb Jahre lang zur Schule ging, wuchs die als Bruttoinlandsprodukt gemessene Wirtschaftsleistung eines Landes zwischen 1965 und 1987 im Schnitt um 5,5 Prozent pro Jahr. Die Verlängerung der durchschnittli-

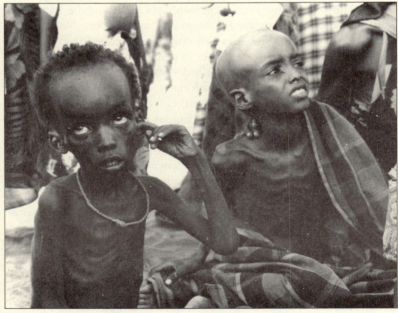

chen Schulzeit um drei Jahre war sogar mit einer um 27 Prozent höheren Wirtschaftsleistung verbunden.

Wie sehr das Bildungsniveau eines Landes über seinen wirtschaftlichen Erfolg entscheidet, ist zum Beispiel in Mexiko deutlich geworden, als das Land Anfang der neunziger Jahre über die Freihandelszone NAFTA mit Kanada und den USA verhandelte. Eine Untersuchung der Weltbank förderte da zu Tage, daß ein mexikanischer Arbeiter im Schnitt nur viereinhalb Jahre lang die Schulbank gedrückt hat, während seine Kollegen nördlich des Rio Grande 11,7 Jahre lang (in den USA) oder sogar 12,6 Jahre (in Kanada) lang zur Schule gegangen sind. Aufgeschreckt durch die Klagen über den Erziehungsrückstand gegenüber den Wirtschaftsriesen im Norden, beeilte sich Präsident Salinas, Gegenmaßnahmen zu versprechen. Im Sommer 1992 etwa kündigte er eine neue Alphabetisierungskampagne an, die innerhalb von drei Jahren die Analphabetenrate seines Landes um ein Drittel senken soll.

Die soziale Krise

Bei den wachsenden Belastungen, denen immer mehr Menschen in der Dritten Welt ausgesetzt sind, nimmt es wenig Wunder, daß es im scheinbar so festgefügten sozialen Gebälk vielfach noch sehr traditioneller Gesellschaften kräftig knirscht. Und natürlich bricht dieses Gefüge an seinen schwächsten Stellen zuerst auf: bei den Alten, den Jungen, den wegen ihres Geschlechts Benachteiligten – den Frauen. Diese drei Gruppen verspüren als erste und am nachhaltigsten die Veränderung, die zunehmende Verarmung in vielen Ländern der Dritten Welt.

Viele Männer ziehen in die Städte, weil sie hoffen dort Arbeit zu finden. Ihre Frauen bleiben zurück – mit der dreifachen Last, die Familie durchzubringen, den Haushalt zu betreuen und den verbliebenen kargen Acker zu bearbeiten oder das Vieh zu versorgen. In einer UNICEF-Dokumentation wird aus afrikanischen Ländern wie Kenia oder Botsuana berichtet, daß inzwischen mehr als ein Drittel aller Haushalte von Frauen allein geführt werden, von Frauen, die, wenn überhaupt,

Das Elend hat viele Gesichter: Ob es nun Jod-Mangel ist wie in Ecuador (oben) oder schlicht Hunger als Folge von Dürre und Krieg wie in Somalia (unten).

nicht solange wie ihre Männer zur Schule gehen konnten, und denen es deswegen natürlich schwerer fällt, sich etwa Kredite zu besorgen oder sich Hilfsprogramme zunutze zu machen. In Malawi beispielsweise ist eine Frau im Durchschnitt fünf Stunden unterwegs, um Brennholz für die Familie zu beschaffen. Und weil sie nicht soviel tragen kann, muß sie das jeden zweiten Tag machen. In Indien etwa ist es für viele Frauen selbstverständlich, vier, fünf Stunden am Tag darauf zu verwenden, genug Wasser für die Familie herbeizuschaffen. Das ist auf dem Land nicht anders als in den Städten. Die Hauptlast des wirtschaftlichen und sozialen Abstiegs haben die Frauen zu tragen.

Natürlich leiden darunter die Kinder. Sie bekommen nicht genug Zuwendung, müssen das Vieh hüten, anstatt zur Schule zu gehen, müssen mitarbeiten, um den Unterhalt der Familie zu sichern – und sei es dadurch, daß sie betteln gehen, an Straßenkreuzungen die Windschutzscheiben der haltenden Autos waschen oder als Feuerschlucker auftreten, etwa in Mexiko-Stadt ein alltägliches Bild. 100 000 Straßenkinder sollen es allein in Mexiko-Stadt sein. Die Weltgesundheitsorganisation schätzt ihre Zahl weltweit sogar auf 100 Millionen; 40 Millionen leben in Lateinamerika, 30 Millionen in Asien, zehn Millionen in Afrika. Sie schnüffeln Klebstoff, leben von kleinen Betrügereien und kapitalen Verbrechen – und werden selbst Opfer fanatischer Killer: Jahr für Jahr werden in Rio, wo inzwischen etwa 80 000 Straßenkinder leben sollen, 400 dieser „meninos de rua" von Todesschwadronen umgebracht, denen oft Polizisten angehören. Die regelrechte Hinrichtung von acht Kindern vor einer Kirche im Zentrum der Stadt löste im Juli 1993 weltweit Empörung aus. In Bogotá kostet der Mord an einem lästig gewordenen Straßenkind umgerechnet 150 Mark, wie der katholische Erzbischof von Edinburgh, Keith O'Brien, entsetzt nach einer Kolumbien-Reise berichtete. Daß die Verwahrlosung und der Verlust familiärer Bindungen kein Phänomen allein der Stadt sind, hat der frühere Afrika-Korrespondent der *Süddeutschen Zeitung*, Stefan Klein, in einer Reportage über die Straßenkinder von Nairobi eindrucksvoll beschrieben. Immer mehr Straßenkinder kommen vom Land: „Unter dem wirtschaftlichen Druck beginnt das soziale Gewebe der Gesellschaft aufzuplatzen, brechen Familien auseinander – und werden Kinder zur unerträglichen Belastung. Manche werden einfach von zu Hause fortgejagt, andere zum Betteln losgeschickt, und wieder andere hauen aus eigenem Antrieb ab, weil es nicht auszuhalten ist in den Trümmerfeldern zerstörter Familien, in denen statt Fürsorge Prostitution, Trunkenheit, Gewalt und sexueller Mißbrauch an der Tagesordnung sind."

Die Überalterung der Gesellschaft ist ein Wohlstandsphänomen des Nordens. Aber auch im Süden, wo doch die ungeheure Zahl der Kinder das größte Problem ist, werden die alten Menschen immer mehr – und das schafft zunehmend Schwierigkeiten. In einigen Regionen Schwarzafrikas und Südasiens wird sich ihre Anzahl in den kommenden Jahren verdoppeln. Sie werden zur zusätzlichen Belastung für die Familien: Der Platz zum Wohnen ist sowieso viel zu eng, das Geld reicht eh nicht für alle, und auf Unterstützung durch den Staat kann man nicht hoffen. Denn eins wird viel zu leicht vergessen: Ein soziales Netz, wie es bei uns selbstverständlich ist – und hat es auch noch so viele Löcher –, ist in den wenigsten Ländern der Dritten Welt gespannt. Zwar gibt es in fast allen Ländern eine Sozialversicherung – doch sie erreicht nur wenige: Soldaten, Lehrer, Beamte, und ist zudem, wenn vorhanden, sehr kümmerlich. In Argentinien und Uruguay erhalten die meisten gerade mal umgerechnet 50 Mark Rente, wie die deutsche Soziologin Ludgera Klemp schreibt. In den Slums von Bogotá beispielsweise lebt heute bereits ein Fünftel der über 65jährigen ohne Angehörige, auf Jamaika kann ein Viertel der älteren Menschen nicht mehr auf Unterstützung durch die Familie rechnen, und in Kenia hat sogar die Hälfte aller Alten kein geregeltes Einkommen mehr. Die Liste ist offen.

„Gegen die Gewalt der Armut" war das Motto der Spendenkampagne 1992 der Deutschen Welthungerhilfe. Dem lag die richtige Erkenntnis zugrunde, daß die Armut viele Gesichter hat, und daß die meisten Fratzen sind, die Angst und Schrecken verbreiten. Wenn es nicht gelingt die Elendsspirale aus Armut und Bevölkerungswachstum in der Dritten Welt zu stoppen, wird das Massenelend im Süden zum Stoff, aus dem globale Alpträume entstehen.

54 *Das soziale Ungleichgewicht*

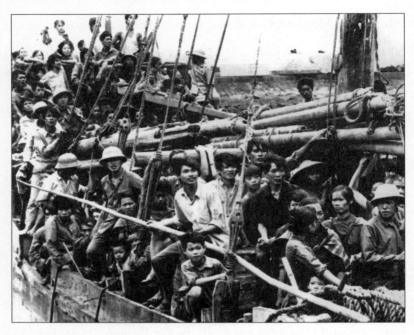

3. Die neuen Völkerwanderungen

Heimat ist verdammt schwer ins Englische zu übersetzen. Der junge Mann neben mir im Flugzeug kann sich jedenfalls keinen rechten Begriff davon machen, hat er doch, wie er sagt, nicht einmal ein Zuhause. Das Land, wo man geboren wurde, die ersten Erfahrungen mit der Welt machte? Ja, geboren, sagt Nasr, wie er sich mit Namen vorstellt, das sei er in Amman. Aber ob das Heimat sei, der Ort, wohin seine Eltern, Palästinenser, seinerzeit geflohen waren? Aufgewachsen ist er in Kuwait, hat es dort als junger Bankangestellter zu etwas gebracht. Doch dann kamen die Iraker, und Nasr, der Palästinenser, hatte keinen Job mehr, hat sich wieder nach Amman abgesetzt. 27 Jahre ist er alt und hat das verloren, was er vielleicht langsam gelernt hatte, als seine Heimat anzusehen. Und nun sitzt er im Airbus der Royal Jordanian, Destination Wien via Larnaka, und will weiter zur Schwester nach Stockholm, als Golfkriegsflüchtling ist's im Frühjahr 1991 relativ einfach, das Drei-Monats-Touristenvisum zu bekommen. Und dann? Amerika, vielleicht reicht ja die Einladung des Onkels für die Einreiseerlaubnis. Nasr, dem Palästinenser, ist das passiert, was in jedem Jahr wohl 75 Millionen Menschen widerfährt: sich der sicher geglaubten Lebensperspektive beraubt zu sehen, die Heimat verlassen zu müssen. Nasr hat Teil an der größten Massenbewegung unserer Zeit: der Migration. So wie Ahmed, der 20 Jahre alte Bursche aus der Gegend von Oran in Algerien, den man genau anderthalb Jahre später in einem sogenannten Centro de recepción, einem Auffanglager für illegale Einwanderer, in Tarifa antreffen kann. Von hier aus ist es nicht weit zum afrikanischen Kontinent, oder besser anders herumgesagt: Von Afrika ist es hier scheinbar nur ein Katzensprung über die Straße von Gibraltar nach Europa. Meinten Ahmed und all die anderen in diesem Lager. Nein, Ahmed hat nicht so viel Glück gehabt, auf seinem Weg in den Norden wie Nasr, kein Ticket, keine Einladung, kein Visum. Er ist so gekommen, auf einem überfüllten kleinen Fischerboot, das von der spanischen Küstenwache aufgebracht wurde. Nun wartet er darauf, dorthin zurückgebracht zu werden, was wohl einmal seine Heimat war, die aber auch er längst verloren hat, weil sie ihm keine Perspektive mehr bietet. Es gibt dort für ihn keine Arbeit – und sie wird es in absehbarer Zukunft auch nicht geben.

◀ *Etwas Besseres als den Tod find' ich allemal – weltweit sind immer mehr Menschen auf der Flucht, auf der Suche nach erträglichen Lebensbedingungen.*

Genauso wenig wie für die 250 Äthiopier, die 200 Liberianer, die 70 jungen Männer aus dem tiefen Süden des Kontinents, die 60 Burschen aus Somalia – sie alle wurden 1992 (und es war erst Herbst) im Centro de recepción von Tarifa schon festgehalten, geschnappt beim Versuch, ohne Erlaubnisschein über die Meerenge von Gibraltar ins Wohlstand verheißende Paradies mit Namen Europa zu wechseln. Es sind alles junge Menschen ohne Heimat, aber auf der Suche nach einer Perspektive, die ihnen der Teil der Welt, in dem sie geboren wurden, nicht mehr bieten kann: der Süden.

„Wenn die Menschen hier in Afrika keine Möglichkeiten finden, werden sie Europa überfluten." Nein, dieses Zitat stammt nicht etwa aus dem Film „Der Marsch", jenem BBC-Szenario aus dem Jahre 1990 über einen Bettelmarsch der Mittellosen aus dem Süden auf die Wohlstandsfestungen im Norden, das die Europäer aus ihren Fernsehsesseln reißen und endlich für die Probleme der Dritten Welt sensibilisieren sollte. Nein, diese Befürchtung hat Meles Zenawi, der nachdenkliche Präsident Äthiopiens, geäußert in einem Interview mit dem deutschen Nachrichtenmagazin *Der Spiegel* im Frühjahr 1993. Und er wollte damit niemandem drohen, sondern nur auf die Realität eines wachsenden Einwanderungsdrucks aus Afrika auf Europa hinweisen. Galten schon die achtziger Jahre als „Jahrzehnt der Flüchtlinge", so ist es wohl nicht unwahrscheinlich, das die neunziger Jahre als das Jahrzehnt der Migration in die Geschichte eingehen werden, ja, vielleicht werden die kommenden Jahrzehnte einmal als Jahrhundert der Migration in den Geschichtsbüchern stehen.

Schon heute werden fast täglich in den Zeitungen die Vorboten der neuen Völkerwanderung registriert. Es sind meistens die kleinen Meldungen, die von großen persönlichen Katastrophen künden: „29 Flüchtlinge in der Ägäis ertrunken" (*Frankfurter Rundschau* vom 15. September 1992) oder „400 Haitianer auf der Flucht ertrunken" (*Süddeutsche Zeitung* vom 12. Januar 1993). Die Zahlen sind austauschbar, die Herkunft der Meldung ist aber meist dieselbe: Es sind die Regionen zwischen den Welten, die Meere, die die Erste von der Dritten Welt trennen, die Wohlstandsregionen vom Rest der Welt. Und die bemühen sich nach Kräften, sich des wachsenden Andrangs zu erwehren. Auch da wird man mühelos in den Zeitungsspalten fündig: Am 22. Mai 1992 meldet etwa die *Deutsche Presseagentur:* „Norwegen verschärft Kontrollen für Einwanderer", am 19. Juni die *International Herald Tribune*: „Dänemark verschärft Asylrecht". Am 28. Oktober meldet die *Süddeutsche Zeitung*: „Spanien will Quoten für Einwanderung festlegen". Am 4. Dezember titelt die *Frankfurter Rundschau*: „Wien beschließt Fremdengesetz", ein paar Tage später heißt es im selben Blatt: „Paris soll Zuwanderung steuern." Am 12. Januar 1993 ist wiederum in der *Süddeutschen* zu lesen: „Weniger Asylverfahren in den Niederlanden", und einen Tag später: „London verschärft Asylbestimmungen." Im Juli legen dann die USA nach. Am 28. Juli 1993 heißt es in der *Herald Tribune*: „Clinton verlangt schärfere Grenzüberwachung." Kein Zweifel – die Welt ist in Bewegung geraten. Und der Norden macht dicht.

Tatsächlich sind immer mehr Menschen auf der Flucht, auf der Suche nach besseren Lebensumständen – manche vielleicht jenen Gedanken im Kopf, der bei uns nur noch als Zitat aus dem Reich der Märchen bekannt ist: „Etwas Besseres als den Tod find' ich überall." 18,5 Millionen Menschen waren 1992 auf der Flucht vor Krieg und Verfolgung ins Ausland emigriert – eine historische Rekordmarke. In den vergangenen 15 Jahren ist es zu einer wahren Explosion der Flüchtlingszahlen gekommen: Waren 1978 erst 2,8 Millionen registriert, so war ihre Zahl 1980 bereits auf 8,2 Millionen gestiegen, 1990 gar auf 17,3 Millionen. Und neun von zehn Flüchtlingen kamen aus der Dritten Welt. Erst seit dem Gemetzel auf dem Balkan steuert der Norden wieder einen größeren Anteil bei. Zu den 18,5 *displaced persons* kommen nach Auffasung des Hochkommissariats der Vereinten Nationen für Flüchtlingsfragen (UNHCR) noch einmal etwa 20 Millionen Menschen, die als *internal displaced people* gelten, Flüchtlinge im eigenen Land. Und etwa 70 Millionen Menschen, so schätzen andere Behörden der Vereinten Nationen, arbeiten legal oder illegal in fremden Ländern – meist kommen sie aus Entwicklungsländern. International gelten sie nicht als Flüchtlinge, doch ist das oft nur eine juristische Unterscheidung. Denn auch sie haben meistens nicht freiwillig, sondern durch die Umstände gezwungen ihre Heimat aufgegeben. Und es werden in den nächsten Jahren gewiß nicht weniger sein, denen dieses Schicksal widerfährt, der Wanderungsdruck wird, im Gegenteil, kräftig steigen. Der britische Bevölkerungsexperte David Coleman rechnete auf der Europäischen Bevölkerungskonferenz 1993 vor, daß allein Europa in den kommenden 30 Jahren 60 Millionen Einwanderer vor allem aus den islamischen Ländern und aus Schwarzafrika zu erwarten hat.

Die Hochkommissarin der Vereinten Nationen für Flüchtlingsfragen, die Japanerin Sadako Ogata, spricht bereits heute von einer Flüchtlingskrise: „Sie ist jetzt viel schlimmer (als noch vor zehn Jahren), weil es eine Krise ist, die von sozialen Auflösungsprozessen und politischem Zerfall verursacht wird." Es sind also eine ganze Reihe von Ursachen, die – sich oft wechselseitig verstärkend – den enormen Wanderungsdruck erzeugen, innerhalb der Dritten Welt und von Süd nach Nord.

Politische Verfolgung

Die klassische Fluchtursache, international anerkannt und als Fluchtgrund allgemein akzeptiert. Die UNO-Flüchtlingskonvention aus dem Jahre 1951 definiert einen Flüchtling denn auch einzig nach diesem Kriterium: Flüchtling ist derjenige, der vor politischer Unterdrückung geflohen ist. Eigentlich ganz einfach, nur die Praxis ist natürlich ungleich komplizierter. Als 1973 die Generäle in Chile geputscht hatten, konnten sich diejenigen, die den Schergen Pinochets glücklich entronnen waren, einigermaßen sicher sein, als politisch Verfolgte im Norden Aufnahme zu finden (wenn nicht im Westen, dann doch im Osten der damals noch zweigeteilten nördlichen Hemisphäre). Das ist 20 Jahre später ziemlich anders: Trotz des internationalen Bannfluchs über das Militärregime auf Haiti, das den zum Präsidenten gewählten Prediger Jean-Bertrand Aristide ins Ausland geputscht hatte, fing die US-Küstenwache Flüchtlinge von der Insel noch auf hoher See ab (soweit sie nicht vorher schon ertrunken waren). Natürlich wußten auch die Amerikaner vom Terror auf der Insel – und wiesen die Fliehenden doch zurück. Es drohten, einfach zu viele zu werden. Denn die Ursachen für die Massenflucht lagen natürlich keineswegs nur in der politischen Verfolgung, sondern in der grassierenden Armut und der Überbevölkerung in diesem schäbigen und heruntergewirtschafteten Teil des amerikanischen Hinterhofs.

In Deutschland wurden von den 440 000 Asylbewerbern 1992 nicht einmal fünf Prozent als politisch Verfolgte anerkannt. Wie immer man diese Quote und die deutsche Asylpraxis politisch bewerten mag, so macht dieses Verhältnis doch eines unmißverständlich klar: Die Ursachen für die einsetzende Massenflucht liegen im allgemeinen jenseits politischer Verfolgung. Die UNO-Flüchtlingskommissarin hat sich denn auch von der engen Definition der Nachkriegszeit verabschiedet: „Heute sind die Fluchtgründe viel komplexer. Schutzbedürftig sind nicht mehr nur politisch Verfolgte, sondern auch alle jene, die vor Kriegen, Bürgerkriegen oder inneren Unruhen fliehen, und Menschen, die versuchen, einer Dürre, einer Umweltkatastrophe, einer Hungersnot oder einfach dem allgemeinen Elend zu entkommen", sagte sie der *Zeit* bereits kurz nach ihrem Amtsantritt im Frühjahr 1991. Zweieinhalb Jahre später, im Herbst 1993, kam dann der Alarmruf ihrer Behörde: „Das traditionelle Schutzsystem für Flüchtlinge steht vor dem Zusammenbruch", schrieb Sadako Ogata im UNHCR-Report 1993. Die Reaktion auf den Hilfsappell: internationales Schweigen.

Krieg

1992 hat das UNHCR eine Milliarde Dollar für die 18,5 Millionen Menschen ausgegeben, die vor Kriegen in andere Länder geflohen sind, Kriege deren Ursache in ethnischen Auseinandersetzungen, religiösem Fanatismus oder nationalen Konflikten lag. In jenem Jahr stellte Europa erstmals seit Jahrzehnten wieder die größte Flüchtlingsgruppe: drei Millionen Menschen, die vor den schwerbewaffneten Mörderbanden im ehemaligen Jugoslawien geflohen sind. Doch fünf von sechs – durch die UNO registrierten – Flüchtlingen kommen aus der Dritten Welt. 1992 waren es nach den Statistiken des UNO-Hochkommissariats zwei Millionen Afghanen in Pakistan und Iran; 1,5 Millionen Mosambikaner in Simbabwe, Südafrika oder in Malawi, selbst ein überbevölkerter Zwergstaat, der aber 750000 Flüchtlinge beherbergen muß; eine Million Somalier in den Nachbarstaaten, 600000 Flüchtlinge in Tadschikistan, 280000 Moslems aus Birma in Bangladesch, auch das ein Land, das aus allen Nähten platzt.

Viele dieser Flüchtlingsgruppen sind noch das Erbe des kalten Krieges: die Afghanen oder Angolaner, die Äthiopier oder Mosambikaner. Auch nach dem Ende des Ost-West-Konflikts hat die Zahl der bewaffneten Auseinandersetzungen in der Dritten Welt sich nicht verringert (vgl. Vierter Teil). In Angola ging das Gemetzel nach einer kurzen Pause weiter. Die Kambodschaner etwa tauchen nicht in der Liste der größten Flüchtlingsgruppen auf, weil sie 1992 aus den Lagern in Thailand in ihr Heimatland zurückgeführt wurden – und doch waren sie dort 1993 schon zu Tausenden wieder auf der Flucht. Oder die

Kurden: 1700 Dörfer hat das UNHCR im Nordirak 1992 wieder aufgebaut – und im Herbst kamen die ersten Meldungen von Bombenangriffen, diesmal der Türken, auf Kurden im Nordirak. Auch die *internal displaced persons* sind nicht registriert, beispielsweise die Indios, die vor dem endlosen Krieg zwischen der Terrororganisation „Leuchtender Pfad" und den peruanischen Regierungstruppen zumeist in die Slums der Städte geflohen sind. Eine Million waren es nach amerikanischen Schätzungen 1993.

Hunger

Wohl die älteste Fluchtursache der Welt. Zwar ist nach Angaben der FAO weltweit genügend Nahrung vorhanden – nur eben nicht immer zur rechten Zeit am Ort, wo sie benötigt wird. Zwar ging die Zahl der hungernden Menschen trotz des enormen Bevölkerungswachstums innerhalb von zwei Jahrzehnten um 150 Millionen Menschen zurück, wie die FAO im Sommer 1992 meldete – genau zu der Zeit, als die Welt über das Ausmaß der Hungerkatastrophe in Somalia erschrak. Gerade das Beispiel Somalia hat uns nachdrücklich vor Augen geführt, daß Hunger zu allem Elend immer auch eins bedeutet: Menschen verlieren, wenn nicht ihr Leben, so doch meist ihre Heimat. Auf der Suche nach Hilfe verlassen sie ihren Hof, ihr Dorf, ihre Region, um im Nachbardorf, in der Kreisstadt, im Land jenseits der Grenze an Sammelküchen oder in Lagern versorgt zu werden. Manche der Unglücklichen vertrauten sich sogar – im wahrsten Sinne des Wortes – Seelenverkäufern an: Mindestens zweimal geisterte das pakistanische Schiff *Sanaa-1* 1992 durch die internationalen Agenturen: Immer hatte der Frachter Kinder, Frauen, Männer aus Somalia geladen – nur keine Nahrung und kaum Wasser. So erzwang die *Sanaa-1* mit 400 Somalis an Bord im Juli die Landung in der kenianischen Hafenstadt Mombasa. Im November kreuzte das Hungerschiff tagelang vor dem jemenitischen Hafen Makalla mit 3000 Flüchtlingen an Bord, obwohl angeblich bereits 100 Kinder verdurstet waren. Ob die Menschen nun übers Meer oder über glühende, versengte Steppen geflohen sind: Viele der Überlebenden kehren nicht zurück, weil sie schlicht alles verloren haben und sie – in der Lagern – ja versorgt werden.

Das Beispiel Somalia macht noch einen zweiten Zusammenhang deutlich: Hunger kommt selten allein. Zu Dürre und Ernteausfällen treten noch andere Faktoren hinzu. Erst der Krieg hat aus der Knappheit die Katastrophe namens Hunger erzeugt. Und Somalia ist kein Einzelfall. Die Hungerkatastrophe in Biafra, der Ende der sechziger Jahre Hunderttausende zum Opfer fielen, ist wohl noch immer das klassische Beispiel. Aber in Mosambik war es nicht anders oder im Süden des Sudan, seit Jahrzehnten fast ununterbrochen Kriegsgebiet. Und immer wieder wird der Hunger als Waffe eingesetzt, als Mittel, Menschen zu vertreiben. So berichtete das katholische Hilfswerk Missio im Sommer 1992 von sudanesischen Regierungstruppen, die nach der Eroberung der Provinzstadt Yirol im Umkreis von 25 Kilometern sämtliche Lebensmittel vernichtet hätten: Die Menschen müssen vor dem Hunger fliehen.

Naturkatastrophen

Ob Erdbeben oder Wirbelstürme, Überschwemmungen oder ausgedehnte Trockenperioden: Die klimatischen und geologischen Problemzonen unseres Planeten befinden sich zum großen Teil in der Dritten Welt. Naturkatastrophen kann man nicht abwenden, höchstens ihre zerstörerische Kraft bremsen – wenn Vorsorge getroffen wird. Doch die kostet Geld. Wovon, zum Beispiel, sollen die Haitianer Schutzbunker gegen die Wirbelstürme bezahlen (*shelter*, wie sie in Florida selbstverständlich sind) – bei einem durchschnittlichen Monatseinkommen von 30 Dollar (das ist ein Sechzigstel des Durchschnittsverdiensts eines US-Bürgers)? Deshalb werden sich, wenn wieder einmal „Ruth", „Janet", „Hugo", oder wie immer banal die karibischen Hurrikans getauft werden, über die Insel hinweggefegt sein werden, Tausende aufmachen, um in kleinen, aus den Trümmern zurechtgezimmerten Booten gen Norden aufzubrechen – dorthin, wo es genügend Shelter und Dollars geben soll.

Längst haben wir uns aber auch daran gewöhnt, die katastrophalen Folgen eines Naturereignisses als Naturkatastrophe aufzufassen, während sie zum großen Teil menschengemacht sind. Etwa die hohe Zahl der Opfer bei Wirbelstürmen und Überflutungen in Bangladesch. Im Weltbevölkerungsbericht 1992 wird das Beispiel der dem Festland vorgelagerten Insel Hatia genannt, eines kargen Landrückens nur wenige Meter über dem Meeresspiegel und genau in der Zugbahn der Zyklone, die ein- bis zweimal im Jahr ihre todbringende Spur durch den

Ein Menetekel: Die Massenflucht aus Albanien im Sommer 1991 dürfte nur Vorgeschmack dessen gewesen sein, was in kommenden Jahrzehnten zu erwarten ist.

Golf von Bengalen pflügen. Die Insel war lange kaum bewohnt – und wäre es wohl auch heute noch, gäbe es nicht den ungeheuer ansteigenden Bevölkerungsdruck, der Bangladesch inzwischen die mit Abstand größte Bevölkerungsdichte aller Flächenstaaten in der Dritten Welt gebracht hat (863 Menschen teilen sich hier einen Quadratkilometer, in Deutschland sind es 220). Deshalb weichen immer mehr Menschen auf die unwirtliche Insel aus, und die Zyklone fahren ihre schaurige Ernte ein. 1970 starben 25 000 Menschen, 1991 kamen 4000 um. Und immer waren Zehntausende obdachlos, mußten fliehen, womöglich auf den Teil der Insel, der wegen ständiger Hochwassergefährdung bisher noch nicht besiedelt war.

Überbevölkerung

Burkina Faso, das frühere Obervolta, ist ein verdammt armes Land: Umgerechnet 45 Mark im Monat verdient hier der Durchschnittsbürger, eine Mark fünfzig am Tag. Davon kann man auch in einem Land in der Sahelzone nicht recht leben, das zudem noch unter dem Vorrücken der Sahara leidet. 90 Prozent der Bevölkerung ernähren sich schlecht und recht von der kargen Landwirtschaft, in Industrie oder Verwaltung beschäftigt sind nur zehn Prozent. Man muß korrekterweise sagen: zehn Prozent der Zurückgebliebenen. Denn die Burkiner sind in den vergangenen Jahren in Scharen ins benachbarte Ausland abgewandert – als Saisonarbeiter oder in der festen Absicht zu bleiben. Selbst Anfang der neunziger Jahre, als es in Westafrika wirtschaftlich nirgendwo mehr so gut ging, waren es noch 40 000, die Burkina Faso pro Jahr verlassen haben. Neun Millionen Burkiner leben in ihrem Heimatland, aber sieben Millionen im Ausland, die meisten an der Elfenbeinküste oder in Ghana. Arbeit hatten sie dort auf den Kakao- und Kaffeeplantagen gefunden, im Kleingewerbe oder als geschickte Handwerker. Das geht gut, solange es den Gastländern gutgeht. Doch deren Schwierigkeiten nahmen zu: Die Preise für Rohstoffe wie Kaffee und Kakao (vgl. Dritter Teil) verfielen, die Weltbank machte Kredite von Sparprogrammen abhängig, die viele Arbeitsplätze kosteten. Ergebnis: Zu Jahresbeginn 1993 verschärft die Elfenbeinküste die Aufenthaltsbestimmungen für Ausländer, die Burkiner müssen fortan mit ihrer Ausweisung rechnen. Außenminister Thoman Sanon spricht von einem Klima „des Rassismus, der Fremdenfeindlichkeit und der ethnischen

Unterjochung" in den Nachbarstaaten, das Burkina Faso veranlaßt habe, Vorkehrungen für die Wiedereingliederung der Wanderarbeiter zu treffen. Man stelle sich nur einmal vor: 62 Millionen Deutsche müßten vielleicht über Nacht bei uns aufgenommen werden – das sind, auf Deutschland übertragen, die Dimensionen des Massenexodus, der dem Sahelland droht, müßten alle Burkiner aus dem Ausland heimkehren. Das – zugegeben wenig wahrscheinliche – Szenario verdeutlicht aber, welches Ausmaß die von der Überbevölkerung verursachten Wanderungsbewegungen für einzelne Länder in der Dritten Welt angenommen haben.

Denn Burkina Faso ist zwar ein krasser, aber beileibe kein Ausnahmefall. In Indien sollen heute etwa eine Million illegale Einwanderer aus Bangladesch leben. Auch die Gastarbeiter, die zu Hunderttausenden während des Golfkriegs aus dem Irak flohen, kamen zum großen Teil aus Ländern, die unter einem hohen Bevölkerungsdruck zu leiden haben: Ägypter, Sudanesen, Pakistaner.

Umwelt

Man muß sich gar nicht erst die Völkerwanderungen aus dem Nil- oder Gangesdelta ausmalen, die so sicher kommen werden, wie der Meeresspiegel als Folge des globalen Treibhauseffekts ansteigt. Nein, Flüchtlinge, die ihre Sachen gepackt haben und auf dem Weg nach irgendwo sind, weil ihre Umwelt zerstört ist, sind heute ein alltägliches Bild in der Dritten Welt. Und sie werden nach Voraussagen der FAO in den kommenden 35 Jahren deutlich mehr. In Ostafrika läßt sich der Trend von dem dichtbevölkerten, aber wasserreichen Hügelland in die trockenen, dünner besiedelten Ebenen feststellen. Nur wie lange werden die Böden dort eine intensive Bewirtschaftung aushalten? Auch in Westafrika ziehen die Menschen in immer trockenere Gegenden und bearbeiten Land, das rasch ausgelaugt sein wird. Die Folge liegt auf der Hand: erneute Wanderschaft. Nepal und der Norden Pakistans haben enorme Erosionsprobleme bekommen, weil immer mehr Steilhänge abgeholzt wurden, nicht nur weil der Holzeinschlag Gewinn brachte, sondern auch weil Siedlungsraum benötigt wurde. Die Erdrutsche, die in Ecuador im Frühjahr 1993 Zehntausende von Andenbauern obdachlos gemacht haben, sind eben keine Naturkatastrophen, sondern Konsequenz der Abholzungen. Ähnliches ließe sich auch in Bangla-

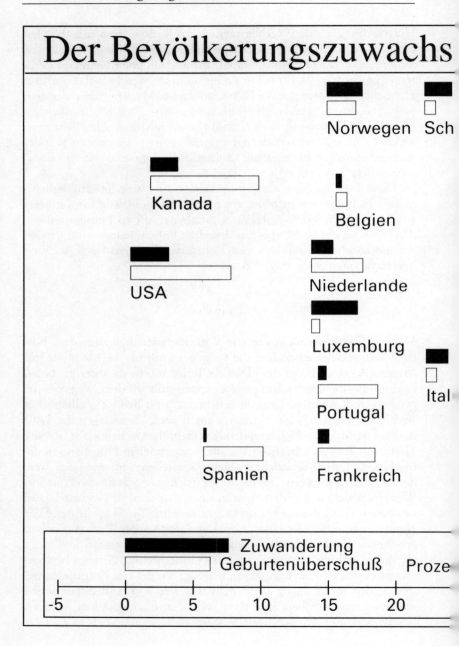

er Industrieländer (1980-1990)

Finnland

Großbritannien

Deutschland

Türkei (zum Vergleich)

Schweiz

Österreich

Griechenland

Australien

Quelle: OECD Grafik d.jenning

desch, in Indonesien, ja wohl in den meisten tropischen Entwicklungsländern feststellen.

Immer mehr für die Landwirtschaft kaum geeignete Flächen werden bebaut, die aber bereits heute die Menschen nicht ernähren können. Im Nahen und Mittleren Osten und in Lateinamerika können diese sogenannten „Grenzertragsböden" nur ein Drittel der Bevölkerung versorgen, wie eine Studie der FAO feststellte. In Afrika sind es zwei Fünftel, in Asien drei Fünftel. Nur, die Studie ging von der Bevölkerungszahl von 1975 aus und nicht von der inzwischen wesentlich höheren Einwohnerzahl. Über kurz oder lang dürften die Menschen, die der Boden nicht mehr ernährt, abwandern – auch das ein Millionenexodus, dessen Ausmaß allerdings kaum dokumentiert ist. Aber es kommt fast noch schlimmer: Die Böden werden natürlich auf Dauer viel zu intensiv genutzt und um so schneller wieder unbrauchbar, was erneute Migration zur Folge hat. In Afrika und dem Nahen Osten, so die Schätzungen der FAO, sind 80 Prozent des Weidelands akut gefährdet, sich in Wüsten zu verwandeln. Auch die Menschen, die sich jetzt noch vom Land ernähren können, werden in die Städte aufbrechen.

Armut

Hinter fast allen der bisher aufgezählten Migrationsursachen läßt sich ein Grundübel ausmachen: Die Armut entwurzelt die Menschen. In Guatemala beispielsweise steht nur zwei Fünfteln der Menschen auf dem Land sauberes Trinkwasser zur Verfügung; die anderen müssen es aus Pfützen, verdreckten Bächen und Brunnen holen. Und nur ein Viertel fände im Notfall rechtzeitig medizinische Betreuung – entweder, weil es sie gar nicht gibt, oder aber, was meist der Fall ist, weil die Menschen schlicht kein Geld für Arzt und Arznei haben. Da wundert es nicht, wenn sie in die Städte abwandern – in der nur allzuoft trügerischen Hoffnung, daß es ihnen dort besser gehen wird. Immerhin haben hier 47 Prozent der Stadtbevölkerung Zugang zu Gesundheitsdiensten und 91 Prozent zu sauberem Wasser. Im vergangenen Jahrzehnt hat die Stadtbevölkerung in Guatemala jedes Jahr um 3,4 Prozent zugelegt, deutlich mehr als das durchschnittliche Bevölkerungswachstum.

Armut hat, wie gesagt, viele Fratzen – und sei es der Umstand, daß arbeitsfähige und arbeitswillige Menschen keinen Job finden. Bereits heute sind 700 Millionen Menschen in der Dritten Welt arbeitslos oder unterbeschäftigt. Jedes Jahr drängen nach UNO-Berechnungen weitere 38 Millionen junge Menschen auf den Arbeitsmarkt in der Dritten Welt – und vermutlich finden auch sie keine Beschäftigung oder höchstens Gelegenheitsjobs. Man sollte diese Zahl einmal bis zum Jahr 2000 hochrechnen: Es ergibt sich die ungeheure Zahl von einer Milliarde Arbeitsplätzen, die neu geschaffen oder so umgestaltet werden müßten, daß der Arbeitslohn die Beschäftigten auch ernähren könnte. Ein undenkbares Unterfangen, die Massenarmut ist also sichergestellt – und auch der Wunsch, ihr zu entrinnen: Wenn das schon nicht durch eigene Arbeit am Ort möglich ist, dann woanders. Allein in Mittelamerika werden bis zum Jahr 2025 nach Hochrechnungen der UNO 50 Millionen neue Arbeitskräfte auf den Markt drängen, während in den USA kein Zuwachs zu erwarten ist.

Doch Nordamerika und Europa sind nicht die ersten und nicht die einzigen Zielpunkte der Armutswanderung. Von den rund 750 Millionen Armen, die in der Dritten Welt auf dem Land leben, machen sich nach Schätzungen des UNDP Jahr für Jahr zwischen 20 und 30 Millionen auf, um in die Städte zu ziehen. Vielfach vollzieht sich die Migration in Etappen. Die Menschen verlassen ihre armselige Bleibe auf dem Land, ziehen in die Elendsquartiere der nächsten Stadt, vielleicht irgendwann weiter in die Industriemetropole des Landes. Und ein paar machen sich dann auf in Richtung Norden. Der Weg der Armutswanderung führt also keineswegs zwangsläufig von Bangladesch nach Rhein-Main. Der größte Teil der Migration bewegt sich immer noch innerhalb der Dritten Welt. Die Allerärmsten fliehen zu den Ärmsten, die Habenichtse wiederum zu den Armen. So mußte Bangladesch 280 000 Flüchtlinge aus Birma, die Rohingyas, aufnehmen, während aus Bangladesch selbst wieder, wie erwähnt, Hunderttausende auf Arbeitssuche in Indien sind. Kenia schockte im Januar 1993 das UNO-Flüchtlingswerk mit der Drohung, die 500 000 Flüchtlinge aus Äthiopien, Somalia und dem Sudan in ihre Heimat zurückzuschicken. Kenia, selbst in wirtschaftlichen Nöten, könne die Lasten nicht länger tragen.

Auch Länder in der Dritten Welt, die wirtschaftlichen Erfolg haben (oder zumindest hatten wie die Elfenbeinküste oder Nigeria), sind zum Fluchtziel geworden. Regelmäßig schiebt Taiwan beispielsweise Chinesen aus dem Mutterland ab, die illegal auf Fischerbooten herüberkamen: Zwischen 1987 und 1992 waren es 19 000. Auch Malaysia etwa hat bereits große Probleme mit der ungewollten Migration. Demonstrativ wurde in der in ganz Südostasien verbreiteten *Straits Times* aus Singapur im Herbst 1992 verkündet, daß Touristen aus vier Nachbarländern nur noch auf Einladung ins Land gelassen würden. Und zu Beginn des Jahres 1993 wurden daraufhin 5000 illegale Einwanderer aus Indonesien, Pakistan, Indien, Bangladesch und Birma festgenommen, nachdem 1992 für alle Illegalen eine Amnestie verkündet worden war: 450 000 Einwanderer hatten sich damals gemeldet. Aus Malaysia selbst sind aber auch Hunderttausende abgewandert: Allein 130 000 leben illegal in den USA, 40 000 in Japan und 3000 in Taiwan. Die Internationale Arbeitsorganisation der Vereinten Nation (ILO) schätzte 1992, daß jährlich 150 000 Ausländer illegal in den „Pazifikbogen" von Malaysia bis Japan einwandern. Die meisten kommen aus den Philippinen, aus Bangladesch und Pakistan.

Nicht nur der Norden leidet unter der Migration, unter den sozialen Spannungen, die sich an den vielfach nicht willkommenen Zuwanderern entladen. Der Terror des Mobs gegen das Ausländerwohnheim in Rostock-Lichtenhagen im Sommer 1992 ist nur ein Beispiel, die Serie der Todesschüsse französischer Polizisten auf arabische Immigranten im Frühjahr 1993 ein anderes aus einer beliebig verlängerbaren Liste. Fremdenfeindlichkeit gerade im Zeichen wirtschaftlicher Krisen ist natürlich auch in der Dritten Welt verbreitet. Der erzwungene Exodus von zwei Millionen Zuwanderern aus Nigeria 1983 ist schon Geschichte. In Pakistan beispielsweise wehrten sich zu Beginn des Jahres 1993 nationalistische Einheimische mit Bombenanschlägen gegen die Ansiedlung von Biharis aus Bangladesch, die durch die Unabhängigkeit des Gangeslandes dort 1971 zur ausländischen Minderheit geworden waren. Auch für die Dritte Welt ließe sich die schwarze Liste der Fremdenfeindlichkeit fast unbegrenzt verlängern.

Doch noch in anderer Hinsicht erweist sich die Migration als kostspielig für viele Dritte-Welt-Staaten: Der sogenannte „brain drain", der Verlust an qualifizierten Arbeitskräften, trifft vielfach gerade die ärmsten Staaten. Beispiel Afrika: Bis zum Ende der achtziger Jahre hatte fast ein Drittel aller qualifizierten Fachkräfte den Kontinent in Richtung Norden verlassen. Allein der Sudan, so zeigt eine Untersuchung der Vereinten Nationen, verlor in einem einzigen Jahr 17 Prozent der Ärzte und Zahnärzte, 20 Prozent der Universitätsdozenten, 30 Prozent der Ingenieure und 45 Prozent der Landvermesser. Fast zwei Drittel der Anfang der achtziger Jahre in Ghana ausgebildeten Ärzte arbeiten heute im Ausland.

Die neuen Völkerwanderungen 71

Nicht nur der Süden profitiert also von der Migration – etwa durch die Überweisungen der Gastarbeiter in ihre Heimat –, sondern auch der Norden. Es sind eben oft die Gutausgebildeten, die Cleveren und nicht nur die Ärmsten der Armen, die zu uns in den Norden kommen. Zwischen 1960 und 1990 etwa haben die USA und Kanada mehr als eine Million ausgebildete Einwanderer aus Entwicklungsländern aufge-

Druckausgleich zwischen zwei Welten: Das Katz-und-Maus-Spiel von Migranten und Polizei gehört an der Grenze zwischen Mexiko und den USA zum Alltag.

nommen. Und es sind die Jobs, für die sich im Norden sonst niemand mehr findet, die Arbeit, die als zu dreckig, gefährlich oder zu erniedrigend empfunden wird. So stellte Jean Lujan, ein ehemaliger Jurist bei der amerikanischen Einwanderungsbehörde, in der *Washington Post* im Februar 1993 fest, als gerade die Berufung von Zoë Baird zur neuen US-Justizministerin daran gescheitert war, daß sie illegale Einwanderer aus Peru beschäftigt hatte: „Es gibt einfach nicht genug Amerikaner, die als Hausangestellte bereit wären, rund um die Uhr Kinder, Ältere oder Behinderte zu betreuen. Und genauso wenig gibt es genug Amerikaner, die bereit wären, zu putzen oder Teller zu waschen." In Spanien etwa wurden 125 000 illegale Einwanderer, die Hälfte allein aus Marokko, 1992 mit Papieren versorgt, weil sie vor allem auf den Gemüsefeldern im Süden zur unentbehrlichen – und billigen – Hilfe geworden waren.

Alle aber, die weiterhin aus Angst oder Unwissenheit illegal im Land leben oder neu hinzukommen, sind zumeist Opfer skrupelloser Makler, die den großen grauen Arbeitsmarkt bedienen. Ohne jede soziale Absicherung werden die Illegalen ausgebeutet – und verdienen doch noch immer viel mehr als in der Heimat: Wohl an die 250 000 Illegale sind es in Spanien, vielleicht 500 000 in Griechenland, bis zu einer Million in Frankreich, 300 000 in Deutschland. Und die meisten dieser Illegalen sind vermutlich mit Hilfe internationaler Schlepperbanden nach Europa gekommen, die mit der Ware Mensch florierende Geschäfte machen. Die tschechische Zeitung *Mlada fronta dnes* etwa berichtete im Frühjahr 1993, daß internationale Reisebüros in China, auf den Philippinen, in Sri Lanka, im Libanon oder sogar in Somalia Reisen nach Prag anbieten – mit anschließendem Grenzübertritt in die Bundesrepublik, illegal versteht sich. Das Prager Innenministerium schätzt, daß auf diese Weise allein 100 000 Menschen über die grüne Grenze nach Deutschland gelangt sind; im Durchschnitt zahlt jeder der Flüchtlinge 1000 Dollar an die Schlepperorganisation. Die „Nordland-Route" über Moskau und Stockholm ist teurer: Nach Insiderangaben kostet sie jeden Fluchtwilligen zwischen 2500 und 3000 Dollar. Der Transport über die Straße von Gibraltar macht – ohne Erfolgsgarantie – zwischen 600 und 800 Dollar. Big Business an Europas Grenzen.

„Wind der Migration" heißt es im Weltbevölkerungsbericht denn doch vielleicht ein wenig zu lyrisch über das Phänomen, das zwischen Nord und Süd, zwischen reichen und armen Ländern und Regionen entstanden ist und das sich in den kommenden Jahrzehnten verstärken wird: der Druckgegensatz zwischen Nord und Süd, zwischen wachsenden Bevölkerungen und alternden, zahlenmäßig abnehmenden Gesellschaften, zwischen enormem Arbeitskräfteüberschuß und der steten Reduzierung der arbeitenden Bevölkerung. Die Zeichen stehen so, als werde der Wind der Migration sich zu einem mächtigen Sturm auswachsen.

2. Teil:
Der ökologische Mißstand
1. Die Internationale der Umweltkiller

Im schweren, mannshohen Panzerschrank eines altehrwürdigen Handelshauses mitten im Zentrum von Mexiko-Stadt liegt ein prächtiges, ledergebundenes Fotoalbum. Die Aufnahmen stammen vom Vater der berühmten Malerin Frida Kahlo, der um die Jahrhundertwende ein begehrter Fotograf in Mexiko war. Allein schon deshalb ist dieser Band eine Rarität, die es verdient hat, sorgfältig bewahrt zu werden. Doch noch kostbarer macht das Album, daß es Aufnahmen enthält von einer Stadt, die es heute nicht mehr gibt. Nicht, daß man einzelne Gebäude nicht wiedererkennen würde, natürlich die berühmte Kathedrale, wohl die älteste Kirche in der Neuen Welt, das Kastell in den Gärten von Chapultepec, sogar Straßenzüge in der Nähe des Zócalo, des historischen Zentrums der Stadt. Doch viel aufregender ist eine andere Beobachtung, die sich zwangsläufig beim Betrachten der Bilder einstellt: Nicht das Erstaunen über das explosionsartige Wachstum der Stadt binnen weniger Jahrzehnte. Nein: die Luft war damals um so viel klarer, daß man Gebäude selbst über weite Distanzen noch erkennen konnte. Heute ein absolut unmögliches Unterfangen in der Mega-Metropole, die mit etwa 20 Millionen Einwohnern die größte Stadt der Welt genannt wird, in Wahrheit aber ein Gift sprühender, alles verschlingender Moloch ist. Um sich eine Vorstellung von dem zu machen, was es bedeutet, wenn so viele Menschen in einer zersiedelten, zerstörten, verpesteten Umwelt zusammenleben müssen, braucht man sich nur dorthin zu begeben, wo die Stadt in urbane Fransen zerfasert, in eine jener Ciudades Perdidas, jener verlorenen Städte, die sich als Elendsgürtel um das alte Zentrum von Mexiko-Stadt gelegt haben. Zum Beispiel vom Cerro del Chiquihuité, einem kahlen Bergrücken zwischen zwei Industrievierteln im Norden der Stadt, läßt sich das Fall-out der täglichen Explosion dieser Mega-Metropole beobachten. Man braucht bloß ins Tal zu schauen. Dort breitet sich eine öde Landschaft aus, versiegelt von Beton und Asphalt, so weit das Auge reicht. Doch das ist wohl eher ein zynischer Ausdruck in einer Stadt, deren Dimensionen man allein schon deshalb

◂ *Kaum ein Umweltthema hat Deutsche mehr erregt als die Zerstörung des Regenwalds am Amazonas. Dabei ist sie nur eine Facette der globalen Ökokatastrophe.*

nicht mehr überblicken kann, weil die Sichtweite wegen des weißen, braunen oder schwarzen Dunstes selten mehr als vier, fünf Kilometer beträgt. Vor zehn Jahren, als León vom Land in die Stadt zog und auf dem Cerro mit der Mutter und den vier Geschwistern den kleinen grauen Steinbau errichtete, nicht größer als vielleicht zwei Buswartehäuschen, da konnte er an guten Tagen noch bis ins Zentrum gucken, Luftlinie nicht mehr als zehn, zwölf Kilometer entfernt. Wenn nicht die Kathedrale, so war doch das moderne Wahrzeichen Mexiko-Stadts, der Torre Latinoamericana zu erkennen. Damals war die Luft noch klar, heute ist sie das Gegenteil, weiß vor Dreck, wie León sich ausdrückt. Es sind Abgasschwaden, die aus den Schloten der Aluminiumfabrik oder der Walzstraßen am Fuße des Cerro del Chiquihuité gepreßt werden und die wie weiße Dickmilch den Hang emporquillen. Im Winter müsse man das erst sehen, erzählt León weiter. Schwarz sei der Himmel dann, die Luft völlig verseucht. Allen auf dem Berg tränten die Augen, der Rachen brenne, und die Kinder müßten ständig husten. Mexiko-Stadt gilt nicht nur als größte Stadt der Welt, sondern auch als Welthauptstadt der Umweltverschmutzung. Immerhin wird inzwischen täglich registriert, wie gefährlich dieser kontinuierliche Anschlag auf die Gesundheit von Millionen ist: Praktisch jeden Tag müßte Smog-Alarm ausgelöst werden, weil sämtliche Grenzwerte überschritten werden. Tag für Tag rieseln 11,7 Tonnen Schadstoffe auf die Stadt herab, ausgestoßen aus den Schornsteinen von 13 000 Industriebetrieben. 20 Millionen Liter Benzin und Diesel werden täglich verbrannt – Ursache für drei Viertel der Luftverschmutzung. Doch wie überall auf der Welt hört auch in Mexiko-Stadt Umweltschutz dort auf, wo das wirtschaftliche Wachstum bedroht zu sein scheint. Und so wird die Zahl der Lungenentzündungen und Atemwegserkrankungen von Jahr zu Jahr weiter steigen, die Infektionskrankheiten werden zunehmen, die zu hohen Bleiwerte im Blut der Menschen von besonders belasteten Stadtteilen werden sich halt weiter erhöhen. Und die Ratschläge der Ärzte an verzweifelte Eltern, ihre Kinder jedes Wochenende aufs Land zu schicken, werden noch hilfloser klingen. Trotz aller Anstrengungen, den täglichen Giftausstoß zu begrenzen, deutet nichts darauf hin, daß der Ökofarkt dieser größten Menschenansammlung in der Geschichte vermieden werden könnte – und genausowenig in Kairo, Bombay, Lagos, São Paolo, oder wie die Städte sonst heißen mögen, deren Entwicklung wie in Mexiko-Stadt außer Kontrolle geraten ist, weil immer mehr Menschen zusammenströmen und, um überleben zu können, die Grundlagen des Lebens zerstören.

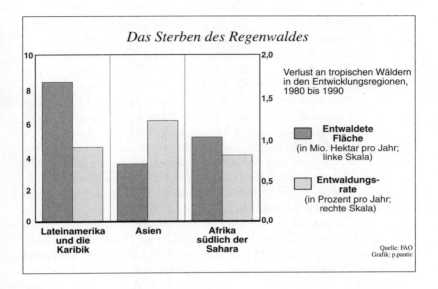

Die Killer kommen aus dem Norden. Sie quillen aus Schornsteinen, entweichen aus Kühlschränken, kriechen aus Auspuffrohren. Aber sie bedrohen das Leben nicht nur im Norden des Planeten, sondern auf der ganzen Welt. Kein Zweifel: Die Industriestaaten sind die Hauptverantwortlichen für die sich anbahnende Klimakatastrophe, für den drohenden globalen Umweltkollaps – und nicht die Entwicklungsländer. Für unsere Art des Wirtschaftens auf Kosten der Umwelt muß aber auch die Dritte Welt zahlen, weil die Umweltverschmutzung schlicht und einfach keine Grenzen kennt. Grob gesagt verbraucht ein Fünftel der Weltbevölkerung drei Viertel der gesamten Energie, verursacht zwei Drittel der Treibhausgase und Abgase, die sauren Regen erzeugen (der nicht nur bei uns etwa im Schwarzwald niedergeht, sondern auch in Ostasien, in Zentralafrika und in Lateinamerika). Die Ozonkiller, die berüchtigten Fluorchlorkohlenwasserstoffe, stammen bis jetzt noch zum größten Teil aus dem Norden. Pro Kopf produzieren die Menschen in den Industrieländern durch ihren Energieverbrauch zehn Mal soviel Kohlendioxyd wie die Bewohner der Dritten Welt. Das renommierte Worldwatch Institute in Washington spricht nur noch vom „Zeitalter des Megakonsums" im reichen Norden der Erde: 86 Prozent des Aluminiums und der Chemikalien beispielsweise werden in den

Industrieländern verbraucht, vier Fünftel allen Papieres, des Eisens und Stahls. Innerhalb von zwei Jahrzehnten, so haben die bekannten amerikanischen Zukunftsforscher Donella und Dennis Meadows 1991 errechnet, hat sich die Industrieproduktion der Welt verdoppelt – der Löwenanteil lag noch immer im Norden.

Die USA häufen am meisten Schulden in der globalen Umweltbilanz an: Mit nur fünf Prozent der Weltbevölkerung verbrauchen sie 25 Prozent aller Energie, pusten 22 Prozent des weltweit produzierten CO_2 in die Luft. Indien dagegen nimmt mit knapp 16 Prozent der Weltbevölkerung nur drei Prozent des Weltenergieverbrauchs in Anspruch und produziert nur drei Prozent des CO_2. Doch natürlich wollen alle Inder, wollen die Menschen im Süden, den Lebensstil des Nordens erreichen. Das amerikanische Magazin *Newsweek* hat die Folgen errechnet: „Wenn die Pro-Kopf-Emissionen von Treibhausgasen in China und Indien auf das Niveau beispielsweise Frankreichs kämen, würden die Emissionen weltweit fast um 70 Prozent emporschnellen und eine sich schon jetzt verschlechternde Situation nur noch schlimmer machen." Sachsens Ministerpräsident Kurt Biedenkopf hat diese Tatsache auf den Punkt gebracht: „Die hochentwickelten Industrienationen haben wirtschaftliche Systeme entwickelt, die offenbar nicht für alle Menschen auf der Erde anwendbar sind. Sie sind, mit anderen Worten, nicht verallgemeinerungsfähig."

Über diese Erkenntnis wird eigentlich nicht mehr gestritten – nur über die daraus zu ziehenden Konsequenzen. Wer würde im Norden den Ländern in der Dritten Welt schon ernsthaft das Recht auf Entwicklung absprechen wollen? Daß das, unter Vermeidung der globalen ökologischen Katastrophe, allerdings nur durch Konsumverzicht im Norden zu bewerkstelligen wäre, will kaum jemand wahrhaben. Doch beispielsweise Malaysias Ministerpräsident Mahatir Mohamad macht genau diese Rechnung auf: „Wer den größten Anteil der globalen Ressourcen verbraucht, um einen verschwenderischen Lebensstil aufrechtzuerhalten, ist auch für die Reparatur der Umweltschäden verantwortlich." Der Norden, so Mahatirs Argumentation, hat sein Umweltkonto längst überzogen, während der Süden seine Guthaben noch lange nicht ausgeschöpft hat. Weshalb sollte der Süden auch ein Problem beheben, das der Norden verursacht hat? Daß der Süden also auf Entwicklung verzichten sollte, während der Norden seinen Konsumstil aber nicht ändert? Gemäß dem Verursacherprinzip soll der Norden für den entstandenen Umweltschaden auch aufkommen. Und will er verhindern, daß der Süden kräftig vom Umweltkonto abhebt, müssen die Industrieländer halt zahlen. Das bloße Bestehen auf Umweltschutz im Süden ist solcher Rhetorik zufolge nur eine neue Form der Ausbeutung – schlicht: Öko-Kolonialismus.

Die Konsequenz dieser Logik ist atemraubend: Der Süden kann noch lange auf Kosten der Umwelt wirtschaften, ehe er den Stand der Ökoschulden des Nordens erreicht. Pech nur für die Menschen: Sie werden alle unter den Konsequenzen dieser Logik stöhnen – und die Menschen im Süden ungleich mehr als im Norden. Denn regional wird ihre Umwelt im höheren Tempo ruiniert. Die Ökosysteme sind zerbrechlicher, die Menschen einfach zu viele für den begrenzten Raum. Äcker und Wälder gehen unwiderruflich verloren, die Küstengewässer werden leergefischt, die Luft in den Ballungsräumen vergiftet. Und die Menschen im Süden werden kein Geld haben, sich von den Folgen der globalen Umweltkatastrophe jedenfalls auf Zeit freizukaufen: Beispielsweise nicht für die Deiche, die sie höher ziehen müßten, weil die Meere ansteigen; nicht für die Unterstände gegen die gewaltigen Stürme, die den Klima-Umschwung begleiten werden; nicht für die Vitaminpillen, die die Beeinträchtigung des Immunsystems durch die zunehmende UV-Strahlung wettmachen könnten.

Im Umweltbereich wird das ganze Dilemma des Konflikts zwischen Nord und Süd, Reich und Arm, zwischen den wenigen und der Masse deutlich: Der soziale und ökonomische Niedergang des Großteils der Menschheit könnte, wenn überhaupt, nur um den Preis der industriellen Entwicklung im globalen Maßstab gestoppt werden. Das aber würde den ökologischen Untergang der Erde bedeuten, wenn der Norden seinen Lebensstil nicht ändert – und wer will das schon? Bereits bei der ersten Umweltkonferenz der Vereinten Nationen 1972 in Stockholm hat die damalige indische Ministerpräsidentin Indira Gandhi diesen Grundkonflikt beschrieben: „Einerseits sehen uns die Reichen unserer Armut wegen schief an – andererseits warnen sie uns vor ihren eigenen Methoden. Wir wollen die Umwelt keineswegs weiter verschlechtern, doch können wir nicht für einen Moment die grausame Armut einer großen Zahl von Menschen vergessen. Sind nicht Armut und Not die größten Umweltverschmutzer? Was sollen wir denjenigen, die in Dörfern und Slums wohnen, von der Reinhaltung der Meere, der Flüsse und der Luft erzählen, da doch ihr eigenes Leben von vornherein vergiftet ist? Die Umwelt kann unter den Bedingungen der Armut nicht verbessert werden."

2. Die Felder der Zerstörung

Die Bedingungen der Armut, vor denen Indira Gandhi schon 1972 warnte, haben die Zerstörung der Umwelt im Süden seitdem tatsächlich nur noch beschleunigt. Und der konzertierte Anschlag der Menschheit auf die eigenen Lebensgrundlagen wird seine deutlichsten Folgen eben in den Entwicklungsländern zeitigen: Die Klimaveränderung wird die ganze Welt verändern, im Süden werden die Menschen aber die größten Schwierigkeiten haben, sich anzupassen. Die Urwälder, nicht als Ausgleichsgröße in der globalen Umweltbilanz, sondern nur als Wirtschaftsfaktor betrachtet, werden trotz aller Warnungen immer kleiner. Die Zahl der Arten, die durch den Raubbau an der Natur verlorengeht, wird immer größer. Das Wasser, obwohl im Prinzip reichlich vorhanden, wird, weil verschwendet und ungleich verteilt, immer knapper. Die Böden, von denen sich die Menschheit nährt, werden immer weniger, weil sie vom Winde verweht, vom Wasser ertränkt oder von Pestiziden vergiftet werden. Der Müll, der zunehmend auch den Süden verdreckt, wird immer mehr. Und in den Städten werden sich Armut und Umweltprobleme zum urbanen Pestgeschwür der Menschheit potenzieren.

Klima

Kein Problem, meinen die Dänen, wenn Nord- und Ostsee im kommenden Jahrhundert zwischen 30 Zentimeter und einem halben Meter ansteigen: Das könne schon noch durch höhere Deiche ausgeglichen werden. Das war die eine, die halbwegs beruhigende Nachricht einer Studie über die Folgen des Treibhauseffektes, die die Regierung in Kopenhagen im Frühjahr 1992 vorlegte. Doch enthielt die Untersuchung noch eine zweite, weitaus verunsichernde Mitteilung: In Strömen, so sagte Umweltminister Per Stig Moeller, werden die Menschen in anderen Erdteilen vor Überschwemmungen, Trockenheit oder infernalischer Hitze fliehen. Es werde zu einer „massiven Auswanderungswelle afrikanischer Völker vor allem nach Europa" kommen. Die globale Erwärmung, die der Norden zum großen Teil verursacht hat, schafft eine neue Spezies von Vertriebenen: Klimaflüchtlinge.

Doch trotz solcher alarmierenden Feststellungen wird viel zu wenig unternommen, der Klimaverschiebung entgegenzusteuern. Die Erde kann nicht einmal mehr die Hälfte des gegenwärtig in die Luft gepusteten Kohlendioxids verkraften – und dennoch läßt sich in Deutschland nicht die Senkung des CO_2-Ausstoßes um ein Viertel bis zum Jahr 2005 durchsetzen (auf der Grundlage der Emissionen von 1987). Wie auch immer die Folgen des Treibhauseffektes eingeschätzt werden, die Erhöhung der Kohlenwasserstoff-Konzentration in der Atmosphäre wird das Klima verändern. Noch liegt der Anteil der Abgase aus den Industrieländern erheblich über den Emissionen aus der Dritten Welt – selbst die Rauchwolken der brennenden Regenwälder und die Methanproduktion auf den Reisfeldern und in den Viehställen mitgerechnet. Das wird sich allerdings in absehbarer Zeit ändern: Der Energieverbrauch wird weltweit nach Berechnungen der Internationalen Energieagentur bis zum Jahr 2005 im Vergleich zu 1989 um 40 Prozent auf 12,1 Milliarden Tonnen Erdöläquivalent zunehmen (einer Tonne entsprechen 11 630 Kilowattstunden). Die Hälfte dieses Anstiegs wird auf die Entwicklungsländer entfallen, deren Verbrauch an festen Energieträgern um 85 Prozent zunimmt. Das sind in erster Linie Holz und Steinkohle. Vor allem in China, Indien und Südostasien dürfte der Anstieg boomartig sein. Experten schätzen, daß die Entwicklungsländer denn auch im zweiten Jahrzehnt des kommenden Jahrhunderts genauso viel Kohlendioxid produzieren werden wie die Industriestaaten – allerdings nur die absolute Menge, nicht die Emissionen pro Kopf gerechnet.

Bis zum Jahr 2100 könnte sich das Weltklima durch die ungezügelte Emission der Treibhausgase zwischen 1,5 und 4,5 Grad erwärmen. Mit katastrophalen Folgen für die Menschen in den Küstenregionen: Dort werden nach Schätzungen der Vereinten Nationen um das Jahr 2000 rund eine Milliarde Menschen wohnen. Etwa die Hälfte lebt in Asien, der größte Zustrom in die Küstengegenden herrscht in Afrika. Als erste von einem Anstieg des Meeresspiegels betroffen wären die Menschen in den großen – und flachen – Flußdeltas: eben an Nil und Niger, an Indus und Ganges, an Jangtse und Mekong, an Paraná und Amazonas. Und natürlich die Bewohner kleiner Inseln vor allem im Indischen Ozean und im Pazifik. Auf dem Umweltgipfel von Rio de Janeiro im Juni 1992 richtete der Präsident der Malediven einen Alarmruf an die Welt: Sein Land werde das 22. Jahrhundert kaum mehr erleben, wenn nicht endlich gehandelt werde. Wie es aussieht, werden seine Enkel die Koffer packen müssen.

Auch in einem anderen Bereich kennt man bereits die Opfer, noch nicht aber den Umfang der Schäden durch die globalen Klimaverschiebungen: die Vielzahl der kleinen Bauern in der Dritten Welt. Sie sind – viel mehr als ihre Berufskollegen im Norden – noch von Wind und Wetter, vor allem aber von konstanten Regenfällen abhängig. Genau die werden sich aber verlagern. Für Bewässerungssysteme jedoch fehlt es an Geld und am wichtigsten: an Wasser. Und die Menschen werden ihr unfruchtbar gewordenes Land verlassen müssen und das Heer der Elenden in den Städten erhöhen.

Die Verlierer der Klimaverschiebung werden diejenigen sein, die bereits heute nichts zu verlieren haben: die Ärmsten der Armen in der Dritten Welt.

Wälder

Wohl kaum ein Umweltthema hat die Deutschen mehr erregt als die Abholzung der Regenwälder. Die Bundesregierung wurde sogar verpflichtet, dem Parlament in regelmäßigen Abständen über den Zustand der fernen Wälder in den Tropen Bericht zu erstatten. Und was die Abgeordneten bisher zu hören bekamen, läßt wenig für den Erhalt dieser globalen Ökonischen hoffen. In den achtziger Jahren gingen jedes Jahr rund 150 000 Quadratkilometer Regenwald verloren, fast ein Prozent des Tropenwaldes weltweit. Zusammen waren es von 1981 bis 1990 rund 1,54 Millionen Quadratkilometer, das ist mehr als das Vierfache der Fläche Deutschlands. In Lateinamerika gingen nach Angaben der Ernährungs- und Landwirtschaftsorganisation der Vereinten Nation (FAO) in den achtziger Jahren fast 750 000 Quadratkilometer verloren, in Afrika mehr als 400 000. In Asien wurden fast 400 000 Quadratkilometer abgeholzt, über ein Zehntel der Waldfläche, die noch 1980 stand.

Im März 1993 wies die Umweltorganisation Friends of the Earth darauf hin, daß sich in Afrika eine ökologische Katastrophe ereignet – sozusagen im Schatten des Interesses der Weltöffentlichkeit für die Wälder am Amazonas. Vor allem französische, belgische und deutsche Unternehmen seien dafür verantwortlich, daß die Regenwälder in West- und Zentralafrika seit 1989 von 1,9 Millionen auf rund 1,4 Millionen Quadratkilometer geschrumpft seien, also weit mehr noch als nach FAO-Angaben. Das ist etwa so, als wäre ganz Frankreich innerhalb von vier Jahren abgeholzt worden. Allein die Elfenbeinküste, in den letzten Jahren wirtschaftlich arg gebeutelt und deshalb auf Deviseneinnahmen angewiesen, verliert nach Angaben der Umweltschützer jedes Jahr 15 Prozent seiner Waldfläche.

Die ungezügelte Nachfrage nach Tropenholz aus dem Norden ist der eine Grund für das unaufhaltsame Vordringen der Motorsäge. Skrupellose Holzkonzessionäre aus Japan beispielsweise machten immer wieder illegale Geschäfte mit der Terrorbande der Roten Khmer in Kambodscha – unter Duldung der thailändischen Behörden. 100 000 Waldarbeiter sollen allein in den kambodschanischen Regenwäldern beschäftigt sein. Daß die Wälder ein enormes ökonomisches Potential darstellen, wird vielleicht am Beispiel Indonesiens deutlich. Das Land, das mit 1,4 Millionen Quadratkilometern Regenwald nach Brasilien über die größte Tropenwaldfläche der Welt verfügt, nutzt diesen Reichtum planmäßig zum wirtschaftlichen Aufbau. Zwischen fünf und zehn Prozent trägt die Nutzung der Regenwälder (einschließlich der Holzverarbeitung) zum Volkseinkommen bei, wie eine deutsche Studie errechnete. Und als die Regierung in Jakarta die Wirkung eines von Umweltschützern im Norden propagierten Tropenholz-Boykotts zu spüren begann, drohte sie im Herbst 1992 kurzerhand mit dem restlosen Abholzen der Wälder: „Wenn niemand mehr unsere Edelhölzer kaufen will, könnten wir uns gezwungen sehen, die Forstgebiete für die Landwirtschaft nutzbar zu machen." Nach dem Kahlschlag der achtziger Jahre zu beurteilen, ist nur letzteres eine leere Drohung. Denn die Böden in den Regenwäldern eignen sich zumeist nicht als Anbauflächen. Bereits nach wenigen Ernten sind die Böden ausgelaugt und versteppen, wie Erfahrungen in Brasilien zeigen. Allerdings hat sich der Boykott-Druck aus dem Norden auch als zweischneidig erwiesen: Anstatt weniger wird mehr eingeschlagen, um Einnahmeverluste auszugleichen.

Der andere Grund für den Raubbau an der ökologischen Substanz der Erde ist zumeist die blanke Not. Auf Haiti beispielsweise sind bereits 96 Prozent des einstigen Waldbestandes verloren, wie die Korrespondentin der *Frankfurter Rundschau*, Rita Neubauer, 1993 von der Karibikinsel berichtete. Und das nicht, weil die Stämme in den Norden verkauft werden, sondern schlicht deshalb, weil sie als Feuerholz gebraucht wurden und neue Flächen die bereits ausgelaugten Äcker ersetzen mußten. Über 80 Prozent der einstigen Waldfläche wurden beispielsweise schon in Bangladesch, Ruanda und Sri Lanka zerstört – alles Länder, die unter einer extrem hohen Bevölkerungsdichte zu leiden haben. 15 Prozent der 1990 weltweit geschlagenen tropischen Laubhölzer, so recherchierte der World Wide Fund for Nature, wurden als Nutzholz gehandelt, der Rest wurde als Brennholz verwandt – oder fiel der Brandrodung zum Opfer. Schätzungsweise 60 Prozent der Waldvernichtung gehen auf das Konto der Brandrodung und des Wanderfeldbaus; Umsiedlungs- und Weideprojekte werden für weitere 30 Prozent verantwortlich gemacht – und der kommerzielle Holzeinschlag nur für zehn Prozent (wobei natürlich auch die Fläche für große Siedlungsprojekte wie in Brasilien oder Indonesien für den Holzeinschlag genutzt werden konnte).

Eine Strategie, den Kahlschlag zu stoppen, gibt es nicht. 1987 erhielt die Citicorp Bank von einer Umweltorganisation 100 000 Dollar. Die Bank mußte als Gegenleistung auf die Rückzahlung von 650 000 Dollar Schulden durch Bolivien verzichten, die Regierung des Landes sich aber verpflichten, eine Schutzzone für den Tropenwald einzurichten. Das war der erste Debt-For-Nature-Swap, ein Verzicht auf volle Schuldentilgung zugunsten der Umwelt. Seitdem gab es mehrere solcher Gegengeschäfte, zum Schutz der Wälder haben sie bisher aber nicht wesentlich beigetragen. Doch wird der Norden den Schutz der Regenwälder wohl auf Dauer nur erkaufen können. Der Ministerpräsident Malaysias scheute sich vor dem Umweltgipfel in Rio denn auch nicht, das deutlich anzusprechen: Die Dritte Welt solle in Zukunft die „Furcht der reichen Länder" vor der Umweltzerstörung als Hebel gegen die Industriestaaten verwenden. Sie müßten die Kosten für den Umweltschutz in den Entwicklungsländern übernehmen, sagte Mahatir Mohamad in Anwesenheit beispielsweise des deutschen Umweltministers Klaus Töpfer: „Die Armen zu bitten, den Reichen zu helfen, widerspricht allen menschlichen Grundsätzen."

Boden

300 Wohnhäuser, zehn Fabriken, sogar ein komplettes Heizkraftwerk, hundert Kilometer Straßen und Schienenwege, 500 Hektar Ackerland – und mehr als 100 Tote – die Bilanz eines Erdrutsches in Ecuador. Was am Fluß Paute im Südosten des Andenlandes im Frühjahr 1993 passierte, ist symptomatisch für den gnadenlosen Umgang mit dem Element, das den Menschen nährt: mit der Erde. Erdrutsche werden inzwischen fast täglich gemeldet – zumeist aus Ländern der Dritten

Welt: Die Bergwälder wurden abgeholzt, und die Menschen siedeln an ungesicherten Hängen, weil es sonst kein Platz für sie mehr gibt. Die Böden werden so lange genützt, bis sie brechen – bis sie abrutschen, erodieren, versalzen, veröden.

Seit dem Ende des Zweiten Weltkriegs, so schätzte das Umweltprogramm der Vereinten Nationen UNEP, sind zwölf Millionen Quadratkilometer fruchtbaren Bodens durch Erosion geschädigt worden, ein Viertel wurde dadurch nahezu unbrauchbar, mit einem Wort: Wüste. Der Rest verliert kontinuierlich an Fruchtbarkeit, kann bisher aber noch landwirtschaftlich genutzt werden. 25 Milliarden Tonnen Erdreich – mehr als 657 Millionen Sattelschlepper wären nötig, um die Massen abzufahren, eine aberwitzige Vorstellung – gehen jedes Jahr durch Erosion für immer verloren, vom Winde verweht, in die Meere gespült. Ganges und Brahmaputra, die mächtigen Ströme aus dem Himalaja, laden pro Jahr eine Schlammfracht von drei Milliarden Tonnen im Golf von Bengalen ab. Am stärksten sind denn auch Asien und Afrika von der Erosion betroffen. Und die Gründe für diesen Raubbau sind überall dieselben: Übernutzung durch zu viele Menschen. Ländern wie Costa Rica und Mexiko, Malawi oder Mali kostet der Verlust an fruchtbaren Boden jährlich zwischen einem halben und anderthalb Prozent ihrer Wirtschaftsleistung.

Und als in den siebziger Jahren nach der verheerenden Dürre in der Sahelzone der weltweite Vormarsch der Wüste – die Desertifikation – ins Bewußtsein der Öffentlichkeit trat, wurde nur allzuoft vergessen, daß dieses Phänomen zum Teil von der Not der Menschen selbst verursacht wird. Zum Beispiel Sahelzone: Durch die Ausweitung der Anbauflächen mit immer kürzeren Brachezeiten in Gebiete, wo es noch seltener regnet, wird immer mehr der dünnen fruchtbaren Bodenkrume in die Wüste hinausgeweht. Weit mehr als die Hälfte Malis etwa ist heute Wüste, weitere 38 Prozent des Landes sind von Austrocknung bedroht, wie Malis Umweltminister im August 1993 auf einer UNO-Tagung berichtete.

Nur 45 000 Quadratkilometer Land werden jedes Jahr neu erschlossen, es sind zumeist aber sehr gefährdete Flächen. Entweder wurden sie dem Urwald entrissen, dann verlieren die Böden innerhalb weniger Jahre ihre Fruchtbarkeit, oder es sind bewässerte Felder. Dann steht ihnen über kurz oder lang das Schicksal bevor, das bereits heute fast einem Drittel allen weltweit bebauten Landes droht: die Versalzung. 60 Millionen Hektar Ackerland, das ist ein Viertel aller bewässerten Flächen, haben bereits an Produktivität verloren, weil die Bewässerung nicht richtig gemanagt wurde: Zu oft kam zu viel Wasser auf die Felder.

Wasser

Es war nur ein Probelauf des Ata-Türk-Staudamms im Frühjahr 1991, doch schon der ließ den Wasserspiegel des Euphrat in Syrien und im Irak deutlich absinken. Das war in der Zeit des Golfkriegs und interessierte damals nicht allzu viele. Doch inzwischen häufen sich die Warnungen, daß ein Konflikt um den kostbarsten aller Rohstoffe, das Wasser, immer wahrscheinlicher wird. Mit seinen gewaltigen Staudämmen am Oberlauf des Euphrat kann Ankara den einen Tropf dichtmachen, an dem das Zweistromland hängt. Doch der seit Jahren schwelende Streit um das Euphratwasser ist nur ein Beispiel für ein globales Phänomen: Die scheinbar unbegrenzt vorhandene Ressource Wasser wird weltweit knapp und der Krieg um Wasser tatsächlich nur eine Frage der Zeit. Und „Streitobjekte" wie Jordan, Euphrat, Nil und Ganges zeigen, daß der Wettlauf nicht nur um Trinkwasserreserven begonnen hat, dessen Folgen allein schon katastrophal wären. Konfliktstoff ist das Wasser in erster Linie dort, wo es zur Bewässerung in gewaltigen Mengen benötigt wird. Und das ist in weiten Teilen der Dritten Welt der Fall.

Bereits heute leiden 300 Millionen Menschen unter „Wasserstreß", das heißt, der Bedarf ist größer, als die vorhandene Wassermenge. Zum Beispiel Ägypten, Tunesien und Kenia sind davon betroffen. In Nairobi stehen für einen Sechs-Personen-Haushalt nach UNO-Angaben täglich nur 30 Liter zur Verfügung, bei uns liegt der tägliche Wasserverbrauch zwischen 300 und 400 Litern. Spätestens im zweiten Jahrzehnt des kommenden Jahrhunderts, so prophezeit die schwedische Expertin Malin Falkenmark, droht zwei Dritteln der Menschen in Afrika akuter Wassermangel. Im Jahre 2025 wird mehr als drei Milliarden Menschen zuwenig Wasser zur Verfügung stehen, vor allem in Afrika und Asien. Es sind die Regionen, wo die Bevölkerung am schnellsten wächst. Wasserknappheit wird also den Migrationsdruck erhöhen.

Doch zusätzlich knapp wird die begrenzte Ressource Wasser durch Schadstoffe: Zwei Drittel der Flüsse beispielsweise in Lateinamerika und der Karibik sind so verdreckt, daß ihr Wasser eigentlich weder zum Trinken noch zur Bewässerung der Felder geeignet ist – aber trotzdem müssen Millionen das Wasser benutzen, das von Fäkalien und Haushaltsabfällen verschmutzt und von Pflanzenschutzmitteln und Industrieabwässern zunehmend verseucht wird. In Lateinamerika etwa werden ganze zwei Prozent der Abwässer geklärt. Insgesamt, so wird geschätzt, werden in der Dritten Welt nur fünf Prozent der Abwässer geklärt. In vielen Küstenregionen hat zudem der Raubbau an den Grundwasserressourcen dazu geführt, daß Salzwasser in die Reservoirs nachsickert und sie ungenießbar macht. Und übermäßige Grundwasserentnahme droht ganze Landstriche veröden zu lassen: Im indischen Bundesstaat Tamil Nadu ist der Wasserspiegel binnen zehn Jahren um mehr als 25 Meter gesunken.

Arten

Im Laufe dieses Jahrhunderts hat der Mensch den tropischen Waldgürtel der Erde um ein Fünftel dezimiert, die Erde verschmutzt, die Meere verseucht – und zwar mit wachsendem Tempo. Je kleiner die natürlichen Lebensräume werden, desto größer die Zahl der auf immer verlorenen Tier- und Pflanzenarten. Seit dem rätselhaften Verschwinden der Saurier sind der Erde noch nie so schnell so viel Arten abhanden gekommen, täglich mehr als 100. Bis zum Jahr 2020 werden vermutlich zwischen zehn und 20 Prozent der auf zehn Millionen Arten geschätzten Tier- und Pflanzenwelt ausgelöscht sein. Die sonst so bedächtige Weltbank spricht von einem Artensterben, das „das Ausmaß prähistorischer Massenvernichtungen erreicht". Und das vollzieht sich in der Dritten Welt; denn dort leben die meisten der auf der Erde existierenden Arten. Ein beeindruckendes Beispiel für das ungeheure Ausmaß der Vernichtung biologischer Ressourcen, etwa wenn Regenwald abgeholzt wird, war in der *Welt* zu lesen: Auf einer Strecke von sechs Kilometern könnte man im Urwald „im Durchschnitt 1500 blühende Pflanzenarten, 750 verschiedene Bäume, 400 Vogel-, 150 Schmetterlings-, 100 Reptilien- und 42 000 Insektenarten" zählen. Nach Schätzungen des UNEP, der Ökobehörde der Vereinten Nationen, werden inzwischen 65 Prozent der ursprünglichen Lebensräume im tropischen Afrika vom Menschen genutzt, in den tropischen Ländern Süd- und Ostasiens gar 68 Prozent.

Auch der Schutz der Arten ist längst zum Streitfall zwischen Nord und Süd geworden. Doch umstritten ist nicht so sehr die Einsicht, daß

88 *Der ökologische Mißstand*

Überleben von den Abfällen der Massen: In Mega-Metropolen wie Mexiko-Stadt ernähren sich auf den Halden Tausende vom Müll der Millionen.

Die Felder der Zerstörung 89

die Artenvielfalt bewahrt werden sollte, sondern die Frage, wem die biologischen, oder besser: die gentechnischen Ressourcen im Süden gehören. Bisher gilt das Recht des Schnelleren: Die genetischen Informationen von Pflanzen oder Tieren gehören demjenigen, der sie als erster kommerziell nutzen – beispielsweise zur Zucht oder zur Arzneiherstellung – und damit das Produkt schützen kann. Und das sind meistens Konzerne aus dem Norden. Die Entwicklungsländer beanspruchen jedoch immer lauter das Eigentumsrecht an den Arten, die nur auf ihrem Gebiet vorkommen. Das hat einiges für sich: Der Erhalt der biologischen Vielfalt wäre auch im eigenen Interesse der Entwicklungsländer, weil die Weitergabe des genetischen Materials endlich für sie zum lohnenden Geschäft würde. Die Artenschutz-Konvention, die 1992 in Rio de Janeiro ausgearbeitet wurde, geht nicht soweit. Sie enthält lediglich die Selbstverpflichtung der jeweiligen Länder, wildlebende Arten zu schützen und das genetische Material in Genbanken zu konservieren.

Müll

Ein Szenarium für einen Horrorfilm: Im April 1993 schlägt ein griechischer Frachter bei der Fahrt durch den Panamakanal leck und droht zu sinken. Die Ladung: 30 000 Tonnen phenylhaltiger Giftmüll. Mit dem Kanal ist der Miraflores-See verbunden, aus dem täglich enorme Mengen Trinkwasser entnommen werden. Das Schiff konnte noch rechtzeitig flottgemacht werden, eine Verseuchung des Wassers verhindert werden. Doch zeigt der Vorfall die Brisanz der weltweiten Mülltransporte, die zunehmend die Gesundheit von Millionen gefährden – weil skrupellose Unternehmer das Geschäft mit der Armut in der Dritten Welt wittern. Auf der Tagung der Menschenrechtskommission der Vereinten Nationen im Frühjahr 1993 wurde der Transport und die Lagerung von Giftmüll vor allem in Entwicklungsländern beklagt, der ausnahmslos aus den Industriestaaten stammt. In Mexiko beispielsweise versuchte eine britische Firma im März 1993, Filterstaub einzuführen, der als wiederverwertbarer Rohstoff deklariert war. In Wahrheit bestand die Giftfracht nach Recherchen der Umweltschutzorganisation Greenpeace zu 90 Prozent aus schwermetallhaltigen und radioaktiv belasteten Stoffen. Ein anderes Beispiel, das Schlagzeilen machte: 1992 wurden 100 000 Tonnen Plastikmüll nach Indonesien eingeführt, von dem mehr als ein Drittel nicht wiederverwertbar und zum Teil giftig war. Ein Großteil des Mülls stammte aus Deutschland.

Nach Berechnungen der Vereinten Nationen werden jährlich mehr als 330 Millionen Tonnen Giftmüll produziert, das meiste in den Industriestaaten, während in einigen Entwicklungsländern nicht einmal ein paar hundert Tonnen zusammenkommen. Singapur und Hongkong etwa erzeugen zusammen mehr Giftmüll als ganz Schwarzafrika. Schätzungsweise nur ein Zehntel der in den Industrieländern erzeugten giftigen Abfälle werden ordnungsgemäß entsorgt. Der Rest landet irgendwo auf illegalen Deponien, wird im Meer verklappt oder verschwindet in der Dritten Welt.

Mega-Metropolen

Sie wuchern wie ein schnell wachsender Krebs und zerstören so ziemlich alles, was sie erfassen. Jahr für Jahr gehen weltweit etwa 5000 Quadratkilometer Land durch Urbanisierung verloren, eine Fläche doppelt so groß wie das Saarland – aber fast ausschließlich in der Dritten Welt. Zählten 1980 noch fünf Ballungszentren im Norden – Tokio, New York, London, Los Angeles und das Ruhrgebiet – zu den zehn größten urbanen Zonen der Welt, werden im Jahr 2000 nur noch Tokio und New York dazu gehören. 21 Städte werden mehr als zehn Millionen Einwohner haben, davon 17 in der Dritten Welt. Allein Indien wird mit drei Städten vertreten sein: Bombay, Kalkutta und New Delhi. Teherans Bevölkerungszahl hat sich in der Zeit seit der Revolution 1979 auf zwölf Millionen verdoppelt – und die Stadt gehört damit nicht einmal zu den zehn größten Metropolen der Welt. 1990 lebte die Mehrheit der Menschen noch immer auf dem Land. Das wird sich innerhalb einer Generation umkehren, und 2030 werden nach Projektionen der Vereinten Nationen und der Weltbank zweimal soviel Menschen in den Städten leben als auf dem Land. Vor allem in Afrika und in Asien werden die Städte noch einmal explosionsartig wachsen.

Fast scheint es so, als könnte man an den Mega-Metropolen das ökologische Schicksal des Planeten ablesen, wenn sich der Mensch weiter so treiben läßt. Vom Mülltransfer von Nord nach Süd war eben die Rede, doch auch in den Entwicklungsländern werden gewaltige Müllmengen produziert – gerade in den Mega-Metropolen –, die nur zum Teil entsorgt werden. Ein Drittel des Abfalls von Jakarta fliegt in den

Mega-Metropolen 1950

Rang	Metropole	Land	Bevölkerungszahl (in Millionen)
1	New York	USA	12,3
2	London	Großbritannien	8,7
3	Tokio	Japan	6,7
4	Paris	Frankreich	5,4
5	Schanghai	China	5,3
6	Buenos Aires	Argentinien	5,0
7	Chikago	USA	4,9
8	Moskau	UdSSR	4,8
9	Kalkutta	Indien	4,4
10	Los Angeles	USA	4,0
11	Beijing (Peking)	China	3,9
12	Osaka	Japan	3,8
13	Mailand	Italien	3,6
14	Mexiko-Stadt	Mexiko	3,1
15	Philadelphia	USA	2,9
16	Bombay	Indien	2,9
17	Rio de Janeiro	Brasilien	2,9
18	Detroit	USA	2,8
19	Neapel	Italien	2,8
20	St. Petersburg	UdSSR	2,6

Mega-Metropolen 1970

Rang	Metropole	Land	Bevölkerungszahl (in Millionen)
1	New York	USA	16,2
2	Tokio	Japan	14,9
3	Schanghai	China	11,2
4	Mexiko-Stadt	Mexiko	9,4
5	London	Großbritannien	8,6
6	Buenos Aires	Argentinien	8,4
7	Los Angeles	USA	8,4
8	Paris	Frankreich	8,3
9	Beijing (Peking)	China	8,1
10	São Paulo	Brasilien	8,1
11	Osaka	Japan	7,6
12	Moskau	UdSSR	7,1
13	Rio de Janeiro	Brasilien	7,0
14	Kalkutta	Indien	6,9
15	Chikago	USA	6,7
16	Bombay	Indien	5,8
17	Mailand	Italien	5,5
18	Kairo	Ägypten	5,3
19	Seoul	Südkorea	5,3
20	Tianjin	China	5,2

Mega-Metropolen 1990

Rang	Metropole	Land	Bevölkerungszahl (in Millionen)
1	Mexiko-Stadt	Mexiko	20,2
2	Tokio	Japan	18,1
3	São Paulo	Brasilien	17,4
4	New York	USA	16,2
5	Schanghai	China	13,4
6	Los Angeles	USA	11,9
7	Kalkutta	Indien	11,8
8	Buenos Aires	Argentinien	11,5
9	Bombay	Indien	11,2
10	Seoul	Südkorea	11,0
11	Beijing (Peking)	China	10,8
12	Rio de Janeiro	Brasilien	10,7
13	Tianjin	China	9,4
14	Jakarta	Indonesien	9,3
15	Kairo	Ägypten	9,0
16	Moskau	UdSSR	8,8
17	Delhi	Indien	8,8
18	Osaka	Japan	8,5
19	Paris	Frankreich	8,5
20	Manila	Philippinen	8,5

Mega-Metropolen 2000

Rang	Metropole	Land	Bevölkerungszahl (in Millionen)
1	Mexiko-Stadt	Mexiko	25,6
2	São Paulo	Brasilien	22,1
3	Tokio	Japan	19,0
4	Schanghai	China	17,0
5	New York	USA	16,8
6	Kalkutta	Indien	15,7
7	Bombay	Indien	15,4
8	Beijing (Peking)	China	14,0
9	Los Angeles	USA	13,9
10	Jakarta	Indonesien	13,7
11	Delhi	Indien	13,2
12	Buenos Aires	Argentinien	12,9
13	Lagos	Nigeria	12,9
14	Tianjin	China	12,7
15	Seoul	Südkorea	12,7
16	Rio de Janeiro	Brasilien	12,5
17	Dakka	Bangladesch	12,2
18	Kairo	Ägypten	11,8
19	Manila	Philippinen	11,8
20	Karatschi	Pakistan	11,7

Straßen herum, in Karatschi sind es zwei Drittel, in Daressalam sogar vier Fünftel. Und selbst die eingesammelten Müllmassen landen zumeist auf offenen Müllkippen, deren einzige Kontrolleure die Sammler sind.

Aus Teheran berichtete Udo Ulfkotte in der *Frankfurter Allgemeinen Zeitung* von einem festlichen Feuerwerk: „Die meisten Menschen im armen Süden der Stadt, wo die Luftverschmutzung besonders schlimm ist, konnten dessen Anblick nicht genießen, weil der Smog ihnen die Sicht verwehrte." In Manila wurden im Januar 1993 zum erstenmal Gasmasken an die Verkehrspolizisten verteilt, die an den Kreuzungen die Fahrzeugströme dirigieren müssen. Auch den Pendlern empfahl die philippinische Regierung, sich mit Atemschutz auszustatten. Manila gehört zu den zahllosen Großstädten in der Dritten Welt, deren Luft mehr Schadstoffe enthält, als von der Weltgesundheitsorganisation der Vereinten Nation (WHO) für zulässig erklärt worden sind. Nach Einschätzung der Weltbank lebten Mitte der achtziger Jahre mehr als 1,3 Milliarden Menschen in Städten, wo so viel Schwebeteilchen in der Luft waren, daß die Gesundheit der Menschen konstant gefährdet wird. Fast alle dieser 1,3 Milliarden leben in Entwicklungsländern, und fast alle der 300 000 bis 700 000 Todesfälle, die auf die Verpestung der Luft zurückzuführen sind, werden in der Dritten Welt registriert. In Mexiko-Stadt haben fast ein Drittel aller Kinder einen gefährlich hohen Anteil von Blei im Blut – Folge des täglichen Smogs in der Stadt.

Fast ein historisches Paradox könnte man es nennen, daß ein Ballungszentrum wie Mexiko-Stadt, das einst als Metropole der Azteken inmitten von Seen lag, sich selbst das Wasser abgräbt: Ein riesiges Grundwasseraufkommen unterhalb der Stadt füllt sich nicht mehr in der Geschwindigkeit wieder auf, wie es abgezapft wird. Die Natur kann dem Wachstum der Stadt nicht mehr folgen. Nach UNO-Prognosen werden Megastädte wie Lagos, São Paolo oder eben Mexiko-Stadt Landstriche in der Umgebung in Wüsten verwandeln, weil sie zu viel Wasser abzapfen. Und als ob das noch nicht genug wäre, vergiften die Städte auch noch ihre eigenen Brunnen. So hatte man in Mexiko-Stadt im Sommer 1992 zufällig festgestellt, daß 40 Prozent aller Tankstellen der Stadt Lecks hatten, daß über Jahre hinweg Benzin ins Erdreich gesickert ist. Und das war nur ein Beispiel.

3. Die Ausweglosigkeit

Der Münchener Rückversicherungs-Gesellschaft wird das Unglück auf der Welt zuviel: 509 Naturkatastrophen hat das weltweit größte Unternehmen, das Risiken anderer Versicherungen abdeckt, 1992 gezählt – und entsprechend zahlen müssen. Der Trend der letzten Jahre hat die Kalkulationen der nüchternen Versicherungsrechner durcheinandergebracht: Fast jedes Jahr wurde ein neuer Katastrophenrekord gemeldet. Die drohende Veränderung des Weltklimas mache „rasche und durchgreifende Gegenmaßnahmen unumgänglich", heißt es deshalb in der Unternehmensbilanz. Angesichts rund 100 Milliarden Mark volkswirtschaftlichen Schadens seien „in erster Linie Politik und Wirtschaft" gefordert.

Es müßte doch eigentlich die sogenannten Entscheidungsträger elektrisieren, wenn sie schon eines der wichtigeren Wirtschaftsunternehmen des Landes zum Nachdenken und Handeln auffordert, dazu, endlich eine Politik der globalen Verantwortung zu machen: Denn deren Fehlen kostet die Versicherung bereits zuviel Geld. Wieviel muß es dann den Milliarden kosten, deren Schäden nicht – mittelbar oder direkt – durch die Münchener Rück abgedeckt sind? Denn versichert ist nur, wer es sich leisten kann: Und das kann sich bestimmt nicht der Kleinbauer im Gangesdelta, der glücklich sein muß, daß er beim letzten Zyklon nur seinen winzigen Acker, nicht aber sein Leben verloren hat, nicht der Slumbewohner in Mexiko-Stadt, dessen Häuschen bei den letzten schweren Regenfällen den Hang hinuntergerissen wurde, nicht der Hirte in Simbabwe, dessen Vieh während der überraschend langen Dürre nach und nach verreckt ist. Doch sie – die Ärmsten im Süden – treffen die Umweltprobleme, egal ob hausgemacht oder vom Norden zu verantworten, zu allererst.

Natürlich gibt es Ansätze einer globalen Politik, der Umweltgipfel von Rio de Janeiro im Juni 1992 war ein solcher. An deren Ende wurde die Rio-Deklaration, die sogenannte Erdcharta, verabschiedet. Ein Jahr später ist immerhin die UNO-Kommission zusammengetreten, die die Umsetzung der Beschlüsse von Rio überwachen soll. Aber viel mehr als die Konsequenz der Bürokraten beim Ausbau der Bürokratie ist nicht zu erkennen – und nicht eine einzige Entscheidung der Industriestaaten, der globalen Verantwortung gerecht zu werden.

Wie ein Menetekel liest sich übrigens der 26. der 27 Grundsätze der Erdcharta von Rio: „Staaten sollen ihre Auseinandersetzungen über Umweltprobleme friedlich beilegen."

3. Teil:
Das wirtschaftliche Mißverhältnis

1. Die zunehmende Schieflage

Die Szenerie ist einmalig: Wer am Schlagbaum einen gültigen Paß vorweisen kann, hat freien Zugang zur Dritten Welt mitten in Deutschland. Nein, kein Gestank aus offenen Kanälen umfängt den Eindringling, keine Abgasschwaden aus Schloten ohne Filter, keine im Dreck verkommende Bettelgestalten bevölkern die Mitleidskulisse – nein, hier ist nicht das Elend aus jenem Teil unserer Welt zu sehen, von dem wir längst nichts anderes als Bilder unsäglichen Leids erwarten. Wer verbindet mit Dritter Welt schon normales, funktionierendes Alltagsleben, einen gewissen Wohlstand? Oder gar Reichtum? Einen Reichtum, dessen Zeugnisse zur späteren Steigerung unseres Lebensgenusses hier in neugotischen Giebelbauten eingelagert werden: In Deutschland beginnt die Dritte Welt in der Speicherstadt im Hamburger Hafen, einem der wichtigsten Umschlagplätze in Deutschland für die – hochwertigeren – Rohstoffe aus den Entwicklungsländern. Die kleinen grünen Dinger, zwischen den Pflastersteinen? Kaffeebohnen aus Kolumbien. Der feine Duft, der den dicken, in braunes Packpapier eingewickelten Ballen entströmt, die gerade in den zweiten Stock eines Lagerhauses gewuchtet werden? Assam Tea, India. Und wenn man die Straße zwischen den Backsteinbauten hinunterschlendert und über das Hafenbecken hinweg zum HHLA-Kai, zum Schuppen der Hamburger Hafen- und Lagerhaus-Aktiengesellschaft blickt: die Kisten, die aus dem Bauch eines Frachters gehievt werden? Wenn eine der Kisten mal vom Förderband kracht, purzeln krumme grüne Dinger raus: Klar Bananen, des Deutschen liebste Frucht. Szenenwechsel: Bonn, das neue Bundestagsrestaurant. Seit Frühjahr 1993 steht „Café Ramón" auf der Getränkeliste – ein hochpolitischer Akt. Zwei Jahre waren dafür nötig, ehe sich zwei Abgeordnete durchsetzen konnten, daß ihren Kollegen auch ein fair gehandelter Kaffee ausgeschenkt wird, im Restaurant jenes Parlaments, das sich rituell einmal im Jahr einmütig zur Solidarität mit der Dritten Welt bekennt in der entwicklungspolitischen Debatte am frühen Morgen oder zu später Stunde, wenn es sowieso nur noch wenige

◀ Immer mehr arbeiten für immer weniger Geld: Die Preise für Rohstoffe sind seit den achtziger Jahren rapide verfallen: Kaffeepflücker in Guatemala.

Angehörige des Hohen Hauses in den Plenarsaal zieht. Café Ramón ist da schon etwas anderes: wenn auch ein kleiner, so doch jedenfalls ein wirksamer Solidaritätsbeweis. Denn für Ramón-Kaffeebohnen erzielen die Kleinbauern in den Erzeugerländern einen über dem Weltmarktniveau liegenden Preis, einen Preis, der es ihnen ermöglicht, tatsächlich von ihren Feldern zu leben – und nicht Coca anzubauen oder in die Elendssiedlungen der Städte abzuwandern. Denn der natürliche Reichtum der Dritten Welt nützt ihr zumeist nur herzlich wenig. Die Bedingungen, zu denen die Entwicklungsländer ihre Produkte im Norden anbieten dürfen, sind eben alles andere als fair: Sie werden von den Abnehmern diktiert. Und solange sich daran nichts ändert, ist der Reichtum der Dritten Welt, wie er im Hamburger Speicherhafen eingelagert wird, nicht deren natürlicher Vorteil, sondern unser Gewinn.

Ein Besuch in Manila, der Hauptstadt der Philippinen, ist in vielerlei Hinsicht lehrreich. Man könnte zum Beispiel die berühmte Schuhsammlung der noch berühmteren philippinischen Madame Butterfly bestaunen, die Hinterlassenschaft mehr oder minder extravaganter Fußbekleidungen, die die einstige First Lady des Landes, Imelda Marcos, in ihren besseren Zeiten auf Shopping-Touren an den schöneren Plätzen dieser Welt zusammengetragen hat. Man könnte aber auch auf die Smoky Mountains stapfen, jene gigantische Müllhalde am Rande der Stadt, die vielleicht 5000 Menschen, vielleicht sind es auch mehr, jeden Tag nach den verwertbaren Hinterlassenschaften der zehn bis zwölf Millionen Einwohner der Stadt durchpflügen. Und man könnte dann später ins Grübeln kommen, ist man erst einmal zurück in einer der von Mauern umgebenen und von Wachleuten beschützten Siedlungen mitten in der Stadt, die den Ausländern und wohlhabenderen Menschen vorbehalten sind, in einer der abgeschirmten Inseln der Ruhe. Dann mag man dann den enormen Gegensätzen einer solchen Mega-Metropole nachsinnen: dem unvorstellbaren Wohlstand, den einige verstanden haben anzusammeln, und der breiten Armut von Millionen, deren materieller Wohlstand sich von dem der erbarmungswürdigen Müllsammler kaum, von dem der reichen Mitbürger in den Hochsicherheitssiedlungen aber um Welten unterscheidet. Nicht nur in Manila ist das so, sondern überall in der Dritten Welt läßt sich dieses Phänomen beobachten: das zunehmende Ungleichgewicht zwischen arm und reich, die wachsende Polarisierung der Gesellschaft zwischen der breiten Masse der Armen und einer kleinen Klasse von Wohlhabenden. Auf den Philippinen zum Beispiel kam 1985 das ärmste Fünftel der Bevölkerung gerade auf ein Zwanzigstel des nationalen Einkommens, während das reichste Fünftel fast über die Hälfte verfügen konnte, die reichsten zehn Prozent der Bevölkerung kontrollierten gar ein Drittel. Noch drastischer ist das Verhältnis in Brasilien, trotz anhaltender Wirtschaftskrise noch immer eines der wohlhabendsten Entwicklungsländer: Das ärmste Fünftel der Bevölkerung kommt auf 2,4 Prozent des in Brasilien erwirtschafteten Einkommens, das reichste Fünftel dagegen auf 62,6 Prozent, eine Relation, die noch drastischer wird, wenn man die oberen zehn Prozent auf der brasilianischen Wohlstandsskala mit dem Rest vergleicht: Diese 15 Millionen des 150-Millionen-Volkes verfügen über 46,2 Prozent des nationalen Einkommens, während 30 Millionen sich 2,4 Prozent teilen müssen.

Innerhalb von drei Jahrzehnten hat sich der Abstand zwischen Armen und Reichen auf unserem Planeten verdoppelt: 1960, so haben die Vereinten Nationen errechnet, stand dem wohlhabenderen Fünftel der Menschheit 30mal soviel zur Verfügung, wie dem ärmsten Fünftel. 1990 hatten die eine Milliarde Menschen in der entwickelten Welt 60mal soviel wie die Milliarde Menschen aus den ärmsten Ländern – ein Vergleich, der sich auf die Kluft zwischen armen und reichen Ländern bezieht. Denn tatsächlich dürften die Unterschiede zwischen den reichen Menschen in den wohlhabenden Ländern und den Habenichtsen in den armen Ländern sehr viel größer sein, wie man allein aus den eben beispielhaft genannten Abgründen innerhalb einer Nation leicht schließen kann. Die Entwicklungsbehörde der Vereinten Nationen (UNDP) schätzt diese Kluft zwischen den reichsten 20 Prozent auf der Erde und den Ärmsten deshalb auf weit mehr als 150 zu eins.

Dieser Trend spiegelt sich im unterschiedlichen Gewicht in der Weltwirtschaft wider. Zwar verringerte sich der Anteil der Entwicklungsländer am globalen Bruttosozialprodukt, sozusagen der weltweiten Wirtschaftsleistung, nur geringfügig in diesem Zeitraum von 15,9 Prozent auf 15,8 (1989), doch was eine solche Verschiebung für die Habenichtse in der Dritten Welt bedeutet, läßt sich unschwer bemerken, wenn man die Kennzahlen der ärmsten Länder betrachtet: Ihr Anteil halbierte sich von lächerlichen 1,0 auf 0,5 Prozent. Und wenn man die globale Ziffer in ihre regionalen Bestandteile aufsplittert, läßt sich ein Negativtrend feststellen, von dem fast zwei Drittel der Menschheit betroffen sind: Schwarzafrikas Anteil ging von 1,9 auf 1,2

100 *Das wirtschaftliche Mißverhältnis*

Prozent zurück, Südasiens von 3,1 auf 2,8, Chinas Anteil verringerte sich von drei auf zwei Prozent, und der Anteil Lateinamerikas ging von 4,7 auf 4,4 zurück. Und wenn auch die Statistik der arabischen Staaten glänzend aussieht – eine Steigerung von 1,5 auf 2,5 –, und der Zuwachs in Ost- und Südostasien (ohne China) von 1,7 auf 2,9 mehr als sich sehen lassen kann, dann verbirgt sich der Trend zur Polarisierung der Einkommensverteilung nur hinter diesen generellen Ziffern: Denn in der arabischen Welt sorgten vor allem die Ölstaaten für den Zuwachs. Länder wie Jordanien oder Ägypten, die kein Öl exportieren können, waren auf die Gutwilligkeit ihrer Nachbarn angewiesen. Und in Südostasien eiferten die berühmten „Kleinen Tiger" – Singapur, Hongkong, Taiwan und Südkorea – dem Vorbild Japans mit ungeheurer Effizienz nach – und ließen die meisten Nachbarstaaten weit hinter sich.

Auf den ersten Blick nicht so eindeutig ist der Vergleich der Wachstumszahlen: Denn die meisten Regionen konnten in den achtziger Jahren gemessen am Zeitraum zwischen 1965 und 1980 weiter Zuwächse verbuchen, China verdoppelte die Quote sogar von 4,1 auf 8,2 Prozent (und doch verlor das Milliarden-Volk ein Drittel seines Anteils an der Weltwirtschaft). Negativraten verzeichneten lediglich Schwarzafrika (minus 1,7 Prozent) und Lateinamerika (minus 0,4 Prozent) – die Regionen, in denen die achtziger Jahre als „verlorenes Jahrzehnt" gelten. Allerdings muß man diese Zahlen in Relation zur Bevölkerung setzen. Und da ergibt sich ein ganz anderes, viel zwiespältigeres Bild: Denn der Anteil der Menschen, die in Ländern mit einem halbwegs stabilen Wirtschaftswachstum zwischen einem und fünf Prozent lebten (was natürlich nur eine statistische Größe ist) halbierte sich innerhalb des Vierteljahrhunderts zwischen 1965 und 1990. Die Zahl der Menschen aber, die in Ländern lebt, deren Volkswirtschaft eigentlich stagniert oder gar rückläufig ist, schnellte in die Höhe: von 13,3 Prozent auf 29,6 Prozent der Weltbevölkerung. Aber auch die Menschen, die in Boom-Ländern leben, vergrößerte sich: von 10,6 auf 33,2 Prozent: Global verbreiterte sich also die wirtschaftliche Kluft ungemein. Diesen Trend bestätigt die Weltbank auch für die neunziger Jahre. Allgemein gibt sie den Entwicklungsländern bessere wirtschaftliche Erfolgs-

◁ *Die meisten Entwicklungsländer leben noch vom Export der Rohstoffe, doch ist moderne Dienstleistung, wie in Indien billig angeboten, zunehmend gefragt.*

chancen als in den achtziger Jahren – wenn sie das auch an viele Bedingungen knüpft, die nur die Industriestaaten erfüllen können: Wirtschaftswachstum im Norden und besseren Marktzugang für die Entwicklungsländer.

Während kreditwürdige Entwicklungsländer, also die Staaten, die ihre Schulden erfolgreich abbauen konnten und denen es wirtschaftlich im Vergleich sowieso besser geht, während diese Staaten nach Einschätzung der Weltbank besseren Zugang zur Weltwirtschaft finden dürften, werden die Länder ohne Marktzugang, die also auf Entwicklungshilfe angewiesen sind, „ein kleineres Stück vom Kuchen" erhalten. Die Reichen unter den Entwicklungsländern werden reicher, den Anschluß an die Industriestaaten schaffen oder halten, die Armen aber werden immer ärmer. Für sie werden auch die neunziger Jahre ein verlorenes Jahrzehnt sein.

Entwicklungshilfe ist für die ärmsten Länder ohnehin eine lebenswichtige Einnahmequelle. Nach Weltbankangaben sind beispielsweise 65,7 Prozent des Bruttosozialprodukts von Mosambik Entwicklungshilfegelder, beim Tschad sind es mehr als 25 Prozent, und etwa bei Bangladesch sind es noch 9,2 Prozent. Zusammengenommen haben die Entwicklungsländer Anfang der neunziger Jahre etwa 54 Milliarden Dollar Hilfe pro Jahr bekommen – das ist etwa ein Drittel ihres Netto-Ressourcenzuflusses. Aber auch da sind die ärmsten Länder benachteiligt. Die Weltbank hat errechnet, daß mehr als ein Drittel der Entwicklungshilfe in die Länder mit mittleren Einkommen fließt, die drei Viertel der Wirtschaftsleistung erbringen. Die ärmsten Länder hingegen, in denen 70 Prozent der Menschen in den Entwicklungsländern leben (mit einem statistischen Pro-Kopf-Einkommen von nicht einmal zwei Dollar pro Tag) bekommen zwar zwei Drittel der Hilfe, verfügen aber nur über ein Viertel der Wirtschaftsleistung. Während Indien, wo mehr als ein Drittel aller Armen dieser Welt leben, pro Kopf nur auf 1,9 Dollar Entwicklungshilfe kommt, sind es in den Nachbarländern Pakistan und Bangladesch 10,3 beziehungsweise 19,7 Dollar. El Salvador, ein Land mit gut fünf Millionen Einwohnern, erhält mehr Entwicklungshilfe als beispielsweise Bangladesch, wo 120 Millionen Menschen leben.

Ist schon die Verteilung der Entwicklungshilfe unter den Ärmsten nicht am Kriterium der Bedürftigkeit orientiert, so zeigt der Vergleich mit den nicht ganz so einkommensschwachen Ländern, daß die Entwicklungshilfe herzlich wenig dazu beiträgt, die globale Kluft zwischen arm und reich zu verringern: Ein Argentinier etwa bekommt 5,3 Dollar, ein Türke 22,5, ein Malaysier gar 26,3 Dollar – der letztere Einwohner eines Landes, das sich anschickt, zur Jahrtausendwende in den Kreis der industrialisierten Länder aufzurücken. Der ganze Irrsinn im internationalen Vergabesystem wird aber erst dann deutlich, legt man die Zahl der Armen eines Landes zugrunde: Nur ein Viertel aller Entwicklungshilfe ist für die Armen bestimmt (ob sie dort ankommt, ist noch eine ganz andere Frage). Bei einem Parlamentariertreffen in Bonn im Herbst 1993 rechnete der international renommierte Entwicklungsexperte und frühere pakistanische Finanzminister Mahbub ul Haq vor, daß beispielsweise Ägypten für jeden Armen 370 Dollar Entwicklungshilfe erhält, Indien aber nur ganze vier.

Taugt die Entwicklungshilfe schon nicht, die zunehmenden Unterschiede im Süden zu verringern, wieviel weniger ist sie geeignet den wirtschaftlichen Bruch zwischen Erster und Dritter Welt überhaupt zu überbrücken. Ausgerechnet der Ministerpräsident Malaysias ist es übrigens, der seit Beginn der neunziger Jahre lautstark immer wieder die Industriestaaten für diesen Trend verantwortlich macht: Die „Unausgewogenheit im internationalen System", so sagte Mahatir Mohamad im November 1991 auf einem Treffen der „Gruppe der 15", eines Zusammenschlusses sogenannter Schwellenländer, sei noch nie so ausgeprägt gewesen wie zu Beginn des letzten Jahrzehnts des 20. Jahrhunderts. Und der Vordenker der Süd-Süd-Kooperation, der frühere Präsident Tansanias, Julius Nyerere, wirft den beiden großen internationalen Finanzinstitutionen Weltbank und Währungsfonds (IWF) vor, angesichts der Herausforderung durch die Armut in der Dritten Welt kläglich versagt zu haben. Ihre Politik, so polterte der große alte Mann der Dritten Welt im September 1993, trage mit dazu bei, daß es der Masse der Bevölkerung in den ärmsten Ländern schlechter statt besser gehe. Vor allem ihre wirtschaftlichen Strukturanpassungsprogramme gingen immer noch zu Lasten der Armen. Allerdings versäumt es Nyerere nie, auch auf die hausgemachten Probleme der Dritten Welt hinzuweisen: Bevölkerungswachstum, Korruption und Unfähigkeit von Regierungen.

Es werden sich trotzdem schwerlich Argumente gegen den Vorwurf Mahatirs und Nyereres finden lassen, daß der Norden nichts unternimmt, den fatalen Mechanismus zu stoppen, der die Massenarmut in der Dritten Welt steigert und ganze Länder zu Hungerleidern macht. Es sind vor allem drei Faktoren, die das globale Gefälle zwischen armen und reichen Ländern so enorm verstärkt haben: die miesen Handelsbedingungen (terms of trade) für die Dritte Welt, die unfairen Preise, die die Entwicklungsländer für ihre Rohstoffe erlösen, und die Schulden, die viele Entwicklungsländer noch ärmer gemacht haben und noch auf Jahre hinaus wirtschaftlich und sozial lähmen.

2. Die ungerechten Handelsbedingungen

„Schon um einer gewaltigen Völkerwanderung in die reichen Länder des Westens vorzubeugen", schrieb der damalige Präsident des Bundeskartellamts, Wolfgang Kartte, am 15. Februar 1992 in der *FAZ*, „müssen wir unsere Märkte öffnen. Die ärmeren Länder haben nur dann die Möglichkeit, Produktionen aufzubauen und allmählich Wohlstand zu bilden, wenn sie ihre Fertigwaren in den reichen Ländern ungehindert absetzen dürfen." Am selben Tag sagte der kolumbianische Präsident Cesar Gaviria bei der Eröffnung der UNO-Konferenz für Handel und Entwicklung (UNCTAD) in Cartagena, daß die Entwicklungsländer „dringend" den Zugang zu den Märkten Europas und der USA bräuchten. Wenn es auch ein bloßer Zufall sein mag, daß beide Appelle am selben Tag geäußert wurden – und das sicherlich aus ganz unterschiedlichen Motiven –, so zeigt dieses Zusammentreffen doch, wie gravierend das Problem von national wie international renommierten Experten eingeschätzt wird: die Benachteiligung der Dritten Welt im Handel mit den Industrienationen.

Mit etwa einem Fünftel der Weltbevölkerung erwirtschaften die Industriestaaten einen Anteil von vier Fünfteln am Welthandel. Das liegt nicht nur daran, daß die hochwertigen Produkte aus den Industrienationen stammen, daß deren Produktionskapazität ungleich höher ist, nein, das hängt auch damit zusammen, daß im Welthandel manche Partner gleicher als die anderen sind: Der Süden gelangt mit seinen Produkten entweder gar nicht auf die Märkte des Nordens oder, wenn er es schafft, dann meistens zu ungünstigen Bedingungen. Innerhalb eines Jahrzehnts drückten etwa die EG-Länder ihre Importe aus der Dritten Welt um ein Drittel: 1980 stammten noch 46 Prozent aller Einfuhren aus dem Süden, zehn Jahre später nur noch 30 Prozent. Das ist kein Zufall. Denn im Handel mit Entwicklungsländern ist die freie Marktwirtschaft – um von einer *sozialen* Marktwirtschaft im globalen Maßstab gar nicht erst zu reden – eine reine Schimäre. Die Entwicklungsorganisation der Vereinten Nationen (UNDP) hat in ihrem Jahresbericht 1992 eine eindrucksvolle Rechnung aufgemacht: Insgesamt kostet der ungleiche Zugang zum Weltmarkt den Süden 500 Milliarden Dollar im Jahr – eine Zahl, die zwar keine akkurate Bilanz des Schadens für die Entwicklungsländer ist, wohl aber die „Dimensionen des Problems" deutlich machen will, wie es im Bericht heißt. Die Summe entspricht etwa einem Fünftel der gesamten Wirtschaftsleistung der Entwicklungsländer und dem Zehnfachen der jährlichen Ausgaben für Entwicklungshilfe. Geradezu wie Hohn nimmt sich neben diesen Zahlen eine Stelle aus dem Entwicklungshilfe-Etat der Bundesrepublik aus: 40 Millionen Mark sind für ein Programm der Bundesregierung eingeplant, das mehr als 80 Ländern zugute kommen soll. Zweck des Programms: Handelsförderung.

Und da ist wahrlich einiges zu tun. Benachteiligt ist die Dritte Welt auf verschiedensten Gebieten.

Arbeitsmärkte

Was für eine Vorstellung: Jeder könnte dort arbeiten, wo er wollte. Die Grenzen wären offen für Wanderarbeiter, jeder hätte eine global gültige Arbeitserlaubnis. Natürlich würde jeder der abgeschirmten Arbeitsmärkte im Norden – der in den USA, ebenso wie der in der EG oder in Japan – unter dem Zustrom zusammenbrechen. Und doch existiert der globale Arbeitsmarkt bereits – wenn auch nur als tiefgrauer oder schwarzer Markt: Ohne die illegalen Einwanderer aus Mexiko und Zentralamerika, die zu Millionen ins Land gekommen sind, wären die Farmer in Kalifornien aufgeschmissen, ohne die billigen Erntehelfer aus Marokko wären die Gemüsebauern Andalusiens in der EU nicht konkurrenzfähig. Der Bedarf ist also da, und das Angebot ist überwältigend: Jedes Jahr vergrößert sich die Zahl der arbeitsfähigen Menschen in der Dritten Welt um 38 Millionen. Nur wird der Zuzug natürlich durch die Einreisebeschänkungen und Grenzkontrollen erheblich eingeschränkt. Wenn tatsächlich Angebot und Nachfrage den globalen Arbeitsmarkt regulieren würden, so hat die UNO-Entwicklungsbehörde errechnet, würden jedes Jahr vermutlich zwei Prozent der Arbeitskräfte aus dem Süden in Richtung Norden ziehen. Selbst zu Minimallöhnen bezahlt, würden sie ihren Heimatländern zusätzlich Einnahmen von 250 Milliarden Dollar bescheren. Zugegeben, eine sehr hypothetische Rechnung.

Finanzmärkte

Wer nichts ist und wer nichts kann, der muß draufzahlen: Während die Industrieländer in den achtziger Jahren im Schnitt etwa vier Prozent Zinsen zahlten, kostete Entwicklungsländern geliehenes Geld im selben Zeitraum effektiv 17 Prozent, weil die Verleiher das Risiko, ihr Geld zu verlieren, ungleich höher einschätzten als im Norden. Nigeria, zum Beispiel, mußte nach UNDP-Berechnungen Anfang der achtziger Jahre sogar mehr als 20 Prozent zahlen. Dieser ungleiche Zugang zu den internationalen Finanzmärkten kostet die Dritte Welt jährlich 120 Milliarden Dollar.

Protektionismus

Vorteil der Dritte-Welt-Länder, so sollte man annehmen, ist es doch, daß sie billiger produzieren können, daß menschliche Arbeit dort nur ein Bruchteil der Kosten ausmacht, die sie bei uns verursachen würde. Welch graue Theorie! Zwar dürfen die Entwicklungsländer gern produzieren, nur bei uns verkaufen dürfen sie dann noch lange nicht. Denn wenn sie als Wettbewerber gefährlich werden, ummanteln wir unsere Wirtschaftsräume mit einer hohen Mauer aus Schutzzöllen und Abgaben. Vor allem Textilien und landwirtschaftliche Produkte sind betroffen. Nach Einschätzung der Weltbank kostet der Protektionismus der Industrienationen die Dritte Welt im Jahr 55 Milliarden Dollar, ungefähr die Summe, die der Norden als Entwicklungshilfe gibt. Und während die durchschnittliche Höhe der Zölle auf Importe in Industriestaaten bei vier Prozent liegt, wurden Einfuhren etwa aus Bangladesch, der Dominikanischen Republik oder Sri Lanka mit Zöllen zwischen durchschnittlich sieben und zehn Prozent belegt. Haiti, das T-Shirts vor allem in die USA liefert, mußte Zölle von mehr als 11 Prozent zahlen.

Den Ländern, die sie früher als Kolonien erbarmungslos ausgebeutet haben, fordern die Industriestaaten also heute härtere Handelsbedingungen ab als den Mitbewerbern aus dem Norden. 1986 belegte die Europäische Gemeinschaft 23 Prozent aller Importe aus Entwicklungsländern, aber nur 14 Prozent der Einfuhren aus Industriestaaten mit „Hard-core non-tariff measures", wie die Weltbank nicht-tarifäre Handelshemmnisse nennt. Kein Winkelzug, so muß man sagen, scheint uns im Norden garstig genug zu sein, lästige Konkurrenz aus dem Süden fernzuhalten. Denn außer den offiziellen Schutzzöllen gibt es eine ganze Reihe von Tricks, mit denen sich dasselbe Ergebnis erzielen läßt, ohne daß man das häßliche Wort Zoll in den Mund nehmen muß, das aus dem internationalen Vokabular ja längst gestrichen sein sollte.

Da gibt es beispielsweise Einfuhrquoten, mit mehr oder minder sanftem Druck auferlegte Selbstbeschränkungen der Exporteure aus der Dritten Welt oder gar richtige Abkommen wie das Multi-Fibre-Arrangement (MFA), die sogenannten harten nicht-tarifären Handelshemmnisse. Das MFA begrenzt die Textil-Exporte aus der Dritten Welt. 24 Milliarden Dollar im Jahr, so wird geschätzt, kostet die Entwicklungsländer dieses Abkommen an Exportverlusten. 1987, so hat das UNDP ermittelt, war die Hälfte aller Textilausfuhren der Dritten Welt Beschränkungen unterworfen. Und daran hat sich in den Jahren danach nichts geändert. Im Gegenteil, der Protektionismus im Norden wurde nur noch schlimmer. Bangladesch, ebenfalls ein Textilexporteur, muß hinnehmen, daß 80 Prozent der Exporte des Landes in irgendeiner Form von Beschränkungen betroffen sind. Die Weltbank schätzt, daß Bangladesch seinen Exporterlös von einer Milliarde Dollar glatt verdoppeln könnte, würden diese Hemmnisse fallen.

Geradezu unbegrenzt scheint die Phantasie der Wirtschaftspolitiker des Nordens beim Erfinden der „weichen" Handelshemmnisse zu sein. Das können Industrienormen sein, die Produzenten in der Dritten Welt technisch überfordern, das können Gesundheitsauflagen sein, denen allzuoft nicht nur die Sorge um das Wohlergehen der Verbraucher zugrunde liegt, sondern das Bemühen Billiganbieter aus der Dritten Welt fernzuhalten. Vor allem ärmere Staaten wie Bangladesch oder Sierra Leone mußten mit Einbußen rechnen, als Anfang 1993 mit Einführung des EG-Binnenmarktes die Vorschriften für Fischimporte verschärft wurden. Ein durchaus lukrativer Markt: Jährlich landen Entwicklungsländer Fische und Fischkonserven für vier Milliarden Dollar in der EU an. Da lohnt sich der Versuch schon, die Konkurrenz der Hungerleider aus dem Wettbewerb zu kegeln. Denn der wirtschaftliche Nebeneffekt der neuen Gesundheitsnorm liegt auf der Hand: Zusätzliche Qualitätskontrollen, höhere Lagerkosten, Verzögerungen bei der Ausfuhr, mehr Bürokratie – mit einem Wort: die Exporte der bisherigen Billiganbieter werden teurer. 1992 schätzten Experten die Zahl der Einfuhrbeschränkungen in den Ländern der Europäischen Gemeinschaft auf weit über 3000 – wohlgemerkt, nur eine Schätzung.

Natürlich haben auch die leidigen Agrarsubventionen denselben Effekt wie knallharte Einfuhrverbote. Mit einer Kombination von beidem hält sich etwa Japan billigen Reis aus Vietnam oder von den Philippinen vom Hals. Die *Zeit* hat vorgerechnet, welche Kosten der Protektionismus auch im Norden verursacht: „60 Milliarden Dollar jährlich lassen sich die Japaner von ihren Agrarpolitikern aufbrummen, 70 Milliarden die Einwohner der Vereinigten Staaten und über 130 Milliarden die Europäer." Doch daß die Industrieländer, um ihre Bauern zu schützen, Billigangebote nicht ins Land lassen ist die eine Seite. Geradezu erbärmlich ist aber, daß sie die eigenen, heruntersubventionierten Agrarprodukte in der Dritten Welt verramschen – und so die Bauern dort ruinieren. Vorneweg sind auch da die Europäer. So startete das britische Hilfswerk Christian Aid im Mai 1993 eine Kampagne gegen Exporte von EG-Rindfleisch nach Westafrika. Die Existenz von rund vier Millionen traditioneller Viehzüchter in Ländern wie der Elfenbeinküste oder Ghana werde gefährdet, bloß weil Agrarbürokraten in Brüssel die Kühlhäuser leerräumen wollten: Bis zu 50 Prozent unter dem Marktpreis, so ermittelte das Hilfswerk, bot die EG das tiefgefrorene Rindfleisch an. Allein 1991 haben die europäischen Steuerzahler für solche Dumpingfleischausfuhren 111 Millionen Dollar gezahlt; und der Marktwert des exportierten Fleisches lag nicht einmal bei einem Drittel dieser Kosten.

Selbstverständlich beschränkt sich der Protektionismus nicht auf Agrarprodukte, sondern zielt genauso auf die Produkte, die Dritte-Welt-Länder wegen der Niedrigstlöhne konkurrenzlos billig anbieten können. Und auch auf diesem Gebiet, so scheint es, sind die EG-Länder die schlimmsten Protektionisten. 1993 waren es ausgerechnet Fahrräder aus China, die den Zorn der Brüsseler Eurokraten auf sich zogen. Denn die Chinesen lieferten gut ein Drittel billiger als die Fahrradhersteller in Europa und hatten so innerhalb von zwei Jahren ihren Marktanteil verdoppeln können – und den der Firmen aus EG-Ländern drücken. Konsequenz der Kommission: Sie belegte die Fahrräder aus Fernost halt mit einem zusätzlichen Einfuhrzoll von – natürlich – einem knappen Drittel, nämlich 30 Prozent.

Ein Abbau der Handelsschranken ist also nicht in Sicht. Im Gegenteil. Innerhalb von 20 Jahren, von 1966 bis 1986, hat sich der Anteil der Importe, die von den Industrieländern in irgendeiner Form mit den versteckten Zöllen, den nicht-tarifären Hemmnissen, belegt wurden, von einem Viertel auf fast die Hälfte erhöht. Spitzenreiter waren dabei – natürlich – wieder die Europäer: 1966 waren gerade 20 Prozent aller Einfuhren betroffen, 1986 waren es weit über 50 Prozent. Auch das jahrelange Tauziehen um das neue Allgemeine Zoll- und

Handelsabkommen (GATT) hat nicht gerade dazu beigetragen, den Protektionismus in die Schranken zu weisen. Dabei darf allerdings auch nicht vergessen werden, daß Handelsschranken nicht nur in der Ersten Welt errichtet werden, sondern auch in der Dritten Welt überall zu finden sind. Und der Süd-Protektionismus richtet sich nicht gegen die benötigten Waren aus den Industriestaaten, sondern gegen die Konkurrenzprodukte aus anderen Entwicklungsländern. Nach Weltbankerhebungen lag der Durchschnittszoll in den Entwicklungsländern bei 32 Prozent, in Südasien sogar bei 77 Prozent. Und dazu kommen die heimlichen Zölle. Im Schnitt der Entwicklungsländer waren es 28 Prozent, auch dort war Südasien mit 48 Prozent der Spitzenreiter. So bleibt auch die vielgepriesene Süd-Süd-Kooperation, der Zusammenhalt der Dritten gegenüber der Ersten Welt, ein Hirngespinst.

Das einzige, was sich herausbildet, sind stärkere regionale Märkte – auch in der Dritten Welt. In Südostasien hat die ASEAN-Gruppe, der sechs Länder angehören, die Absicht bekräftigt, eine Freihandelszone einzurichten. In Afrika hatte die Organisation für Afrikanische Einheit (OAU) 1991 beschlossen, auch in Schwarzafrika eine Wirtschafts- und Währungsunion bis zum Jahre 2025 einzurichten – allerdings, ohne bisher Schritte in diese Richtung zu unternehmen. In Lateinamerika kamen Argentinien, Brasilien, Paraguay und Uruguay im selben Jahr überein, den gemeinsamen Markt Mercosur bis 1995 aufzubauen – was trotz aller bekräftigenden Worte vermutlich genauso langsam vorankommen wird, wie das 1990 beschlossene Zusammenrücken des Andenpakts (Bolivien, Peru, Ecuador, Kolumbien, Venezuela). Auch wenn bisher regionale Wirtschaftsblöcke offenbar nur eine Chance haben, wenn, wie in Südostasien, die Wirtschaft sowieso funktioniert, so könnten sie doch auch als Zusammenschlüsse von Erfolglosen gegen andere Erfolglose eine neue Daseinsberechtigung finden und globalen Handelserleichterungen entgegenwirken. Schon 1992 warnte deshalb der UNCTAD-Generalsekretär Kenneth Dadzie vor den Risiken neuer regionaler Handelsblöcke im Süden: „Sie könnten den Draußengebliebenen ziemliche Schwierigkeiten bereiten und neue Handelskonflikte gebären."

3. Die miesen Rohstoffpreise

„Natürlich würden wir lieber Handel treiben, als nur Hilfsgaben in Empfang nehmen. Aber nachdem die Preise für unsere Erzeugnisse so verfallen sind und weiter verfallen, bleibt uns im Moment nichts anderes übrig, als in der Welt herumzugehen, den Hut aufzuhalten und um Almosen zu betteln." Nein, keine Übertreibung. Was Ali Hassan Mwinyi, der Präsident Tansanias der *Frankfurter Rundschau* im Juni 1992 sagte, ist durchaus wörtlich zu verstehen: Der Mann muß im Westen Klinken putzen, weil sein Land zur Hälfte von den milden Gaben in Form von Entwicklungshilfe aus dem Norden abhängig ist und die nahezu einzige selbständige Einnahmequelle des Landes immer schwächer sprudelt: 84 Prozent der Ausfuhren Tansanias sind Rohstoffe (so die Angaben der Weltbank 1993) – und deren Preise lagen 1992 auf einem historischen Tiefstand. Nie zuvor bekamen die Habenichtse aus dem Süden so wenig für das einzige, was sie außer der billigen Arbeitskraft haben: Ihre *primary commodities*, wie es im Entwicklungskauderwelsch für Rohstoffe heißt.

Tansania steht nicht allein da. Die Exporte der Nachbarländer Uganda und Burundi etwa bestehen zu 100 beziehungsweise 98 Prozent aus Rohstoffen. Honduras bestreitet 85 Prozent seiner Ausfuhren mit Agrarprodukten, eine Bananenrepublik eben. Und selbst ein vergleichsweise wohlhabendes Schwellenland wie Brasilien ist bei den Exporten fast zur Hälfte von dem abhängig, was Äcker und Wälder, Minen und Meere hergeben. Nur zum Vergleich: Deutschland, selbst der Welt viertgrößter Agrarexporteur, kommt damit nur auf sechs Prozent seiner Ausfuhren. Von den Entwicklungsländern sind hingegen noch etwa die Hälfte aller Ausfuhren Rohstoffe. Bei mehr als 50 Ländern machen agrarische Rohstoffe allein sogar zwei Drittel der Exporte aus. Die Hälfte aller afrikanischen Staaten etwa kommt auf 90 Prozent und mehr.

Doch, und das ist eine Wurzel der folgenreichen Verarmung in der Dritten Welt, seit der Boom-Phase nach dem Zweiten Weltkrieg sind die Preise für Rohstoffe zwar unter heftigen Ausschlägen, aber doch kontinuierlich gefallen. Einem Index der Weltbank zufolge war der Einbruch in den achtziger Jahren besonders dramatisch: Innerhalb von 15 Jahren, zwischen 1977 und 1992, halbierten sich die Erlöse für Rohstoffe weltweit. 1991 bekamen die Dritte-Welt-Länder im Durchschnitt nur noch zwei Drittel des Erlöses von 1980. Ein Land wie Kolumbien, in hohem Maße vom Kaffee-Export abhängig, verlor in den vergangenen Jahren 15 bis 20 Milliarden Dollar, wie der Finanzminister des südamerikanischen Staates auf der Jahrestagung der Interamerikanischen Entwicklungsbank 1993 in Hamburg berichtete. Und die Weltbank erwartete zunächst ein Anhalten des Trends: Die Preise für Getreide, andere Agrarprodukte und Metalle sinken im Durchschnitt. Erst ab 1994 sagt die Weltbank eine Wende voraus, wenn auch eine sehr verhaltene: Im Jahr 2000 wird laut Prognose noch nicht einmal wieder der Stand von 1990 erreicht sein. Eine Vorhersage, die sowieso an diverse Bedingungen geknüpft ist und bei der nur eins sicher ist: Die Rohstoffpreise werden weiterhin erheblichen Schwankungen ausgesetzt sein – also durchaus noch tiefer ausschlagen können als zum bisherigen historischen Tiefstand.

Die Gründe für den Niedergang der Preise sind vielfältig. Sicherlich richtig ist, daß der Bedarf eben langsamer wuchs als das Angebot. Bestes Beispiel dafür ist der Ölmarkt: Umwelttechnik führte zu einer wesentlich höheren Energieausbeute, und gleichzeitig ließen verfeinerte Erkundungsmethoden die bekannten Vorräte ungeheuer ansteigen. Und an den Tankstellen läßt sich ein weiterer Grund für den Verfall der Rohstoffpreise gut beobachten. Trotz der kräftig gestiegenen Mineralölsteuer müssen wir für den Sprit kaum mehr bezahlen als vor zehn Jahren, ja, wenn man die Inflation einberechnet, sogar erheblich weniger. Auch hier ist klar, warum: Das Angebot ist da. Die Scheichs produzieren zu viel; Absprachen für Förderquoten werden kontinuierlich gebrochen. Eine weitere Ursache für den Preisverfall trifft – leider – auf den Ölmarkt nicht zu: Der Ersatz des Naturstoffs durch technische Produkte. Die einst von Dritte-Welt-Gruppen propagierte Empfehlung, Jute statt Plastik zu verwenden, war nur der hilflose Versuch, sich diesem Trend entgegenzustemmen. Ein Beispiel aus dem High-Tech-Bereich ist der Austausch der guten alten Kupferdrähte durch Glasfaser. Schließlich trägt nicht zuletzt die Rezession zum Verfall der Preise bei. Der Bedarf sinkt – und steigt später beim nächsten Boom, bedingt durch den technischen Fortschritt, nicht wieder auf die Ausgangsstufe an.

Wie rasant die Preise für Rohstoffe gefallen sind, läßt sich an dem Naturprodukt ablesen, das lange Jahre nach dem Öl der wichtigste Exportartikel der Dritten Welt war: die kleinen grünen Kaffeebohnen, deren Erlös innerhalb weniger Jahre ins Bodenlose abgestürzt ist (deshalb wurde 1990 zum erstenmal auch Zucker das wichtigste landwirtschaftliche Ausfuhrprodukt der Dritten Welt). Nachdem 1989 ein Abkommen für Exportquoten, das Hauptlieferanten und -abnehmer geschlossen hatten, geplatzt war, halbierten sich die Preise auf dem Weltmarkt. Kein Erzeugerland hielt sich mehr an vereinbarte Lieferquoten, und so überschwemmten riesige Überschußmengen den Markt. In Deutschland kostete 1989 ein Pfund Kaffee noch gut neun Mark, vier Jahre später nicht einmal mehr sieben. Damit lagen die Preise „auf dem niedrigsten Stand seit dem Zweiten Weltkrieg", wie es in einer Dokumentation des Deutschen Kaffeeverbandes heißt. Was uns beim Einkaufen im Supermarkt oder in der Filiale einer Bäckerei-Kette natürlich freut, sieht dort, wo die braunen Bohnen noch grün sind, ganz anders aus. Uganda zum Beispiel hat zwischen 1986 und 1989 seine Kaffee-Ausfuhren um ein Viertel gesteigert, und dennoch sanken die Erlöse fast um ein Drittel, von 395 Millionen Dollar auf 273 Millionen. Welche verheerenden Auswirkungen dieser Millionenausfall haben muß, kann man leicht ermessen, wenn man bedenkt, daß das Pro-Kopf-Einkommen eines Uganders bei 180 Dollar im Jahr liegt. 1991 lagen die Exporterlöse der Entwicklungsländer nur noch bei 6,5 Milliarden Dollar – gegenüber Beträgen von neun bis elf Milliarden Dollar in früheren Jahren. Die Lasten tragen die Millionen Kleinbauern in den 52 Kaffee exportierenden Ländern.

Seit einigen Jahren gibt es Versuche in den Industrieländern, dieser Tendenz entgegenzuwirken: Der Handel zu „fairen Preisen" soll gefördert werden, zu Preisen, die deutlich über dem Weltmarktniveau liegen und die vor allem direkt bäuerlichen Genossenschaften in der Dritten Welt zugute kommen. Seit 1992 wird dieser Kaffee mit dem Gütesiegel „TransFair" auch in Supermärkten in Deutschland und der Schweiz gehandelt – durchaus mit Erfolg. In der Schweiz konnte der Kaffee zu fairen Preisen auf Anhieb einen Marktanteil von 4,5 Prozent erobern. In Deutschland sollte der Marktanteil bis Ende 1993 auf ein Prozent gesteigert werden. Auf die Preise insgesamt dürfte der faire Handel aber kaum Einfluß haben.

Da wären die Aussichten schon größer, würden die wichtigsten Produzenten nach dem Vorbild der Ölförderländer ein Kaffee-Kartell bilden, wie sie im Frühjahr 1993 androhten. Das könnte etwa zur Folge haben, daß Teile der Ernten eingelagert werden, um durch ein geringeres Angebot die Preise in die Höhe zu treiben. Doch sind die Erfolgsaussichten eines derartigen Versuchs denkbar gering, nicht nur wenn man das Schicksal der OPEC betrachtet. Denn im Gegensatz zu den Ölförderstaaten stehen die Kaffeeproduzenten auch noch wirtschaftlich zumeist schlecht da: Sie müssen ihre Produkte auf den Markt werfen, egal zu welchem Preis, und können sich die Einnahmeeinbußen gar nicht leisten, die entstehen, würde die Ernte auf Zeit eingelagert – oder in Lokomotiven verheizt, wie einst in Brasilien; aber da waren die Zeiten noch andere.

Der Wettbewerb auf dem Rohstoffmarkt wird allzuoft im Süden ausgetragen, und nicht zwischen Nord und Süd. Ähnlich umkämpft wie der Kaffee-Markt ist zum Beispiel das Kakao-Geschäft. „Der wahre Kampf", zitierte die *International Herald Tribune* einen Delegierten der Weltkakao-Konferenz im Frühjahr 1993 in Genf, „wird nicht zwischen Abnehmer- und Erzeugerländern ausgetragen. Der wahre Kampf tobt zwischen Afrika und Südostasien." Und auch hier werden die Ärmsten auf der Strecke bleiben, eingeklemmt in der Schraubzwinge von Niedrigstpreisen und verstärktem Wettbewerb. Die traditionellen Kakao-Produzenten in Afrika wie zum Beispiel die Elfenbeinküste erhalten zunehmend Konkurrenz aus Asien. Länder wie Malaysia oder Indonesien, das beispielsweise seine Produktion innerhalb von zehn Jahren verzehnfacht hat, sind für den Wettbewerb besser gerüstet, weil sie billiger produzieren können und über eine wesentlich modernere Infrastruktur verfügen als die Kakao-Produzenten in Afrika.

Aber auch der Norden trägt mächtig zum Preiskampf bei, vor allem da, wo er selbst in den Kreis der Produzenten tritt. Bestes Beispiel ist der Zuckermarkt, mit 8,6 Milliarden Dollar Exporterlös für die Dritte Welt (1990), wie bereits kurz erwähnt, inzwischen wichtiger als Kaffee. Die EU zum Beispiel verbraucht elf Millionen Tonnen Zucker jährlich, produziert aber 15 Millionen. Der Überschuß wird auf dem Weltmarkt abgesetzt – zu Dumpingpreisen und auf Kosten der Länder, die vom Zuckergeschäft leben. 1992 erlöste eine Tonne Zucker nur noch ein Viertel der Summe, die es zehn Jahre zuvor noch gab. Eine Katastrophe für Zuckerinseln wie Kuba oder Mauritius, deren Devisenerlöse zwischen 75 und 80 Prozent aus dem Verkauf von Rohzucker stammen, wie die Zuckerkampagne, ein Zusammenschluß von Dritte-Welt-Gruppen und Landwirten aus Deutschland und England, 1993 bilanzierte.

Ob Zucker, Kakao, Kaffee oder Bananen (wobei die EU durch Zollschranken die Produzenten der Dollar-Bananen aus Lateinamerika vom Markt drängen will) – Leidtragende des Preisverfalls bei Rohstoffen sind die Kleinbauern und Landarbeiter. In der Elfenbeinküste, in

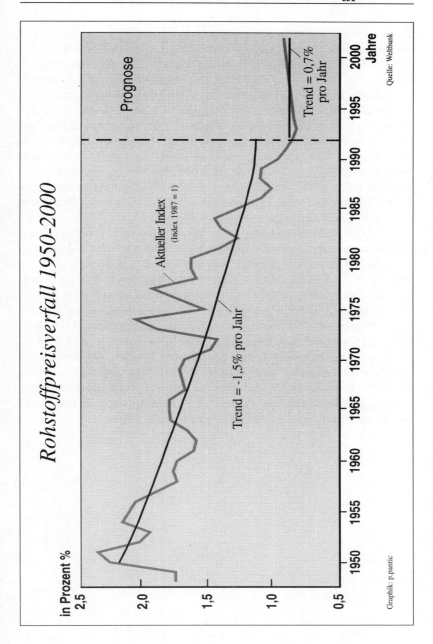

Kenia und Malawi beispielsweise stieg in den siebziger und achtziger Jahren die Produktivität der Landarbeiter an, die Reallöhne aber sanken. Die Arbeiter auf den Palmölplantagen in Malaysia etwa büßten binnen zwei Jahren, von 1988 bis 1990, die Hälfte ihres Einkommens ein, wie die Entwicklungsbehörde der Vereinten Nationen ermittelte.

Versuche, der einseitigen Abhängigkeit von den Rohstoffen zu entkommen, hat es immer wieder gegeben. Nur in wenigen Ländern – wie zum Beispiel in Malaysia – waren sie erfolgreich. Die Position der Dritten Welt insgesamt ist durch den Preisverfall eher noch schwächer geworden. So wurde ein Vorschlag von Staaten aus Afrika und Asien, innerhalb der UNO-Handels- und Entwicklungskonferenz (UNCTAD) einen Ausgleichsmechanismus für die purzelnden Preise zu schaffen, von den Industrieländern abgebürstet.

Nicht Dirigismus, sondern Diversifikation, so ist in den Korridoren der internationalen Entwicklungsbehörden immer wieder zu hören, ist die einzige Chance der Länder, einseitige Abhängigkeiten langsam zu lösen. Einigen Ländern sind dabei durchaus beachtliche Erfolge gelungen. In erster Linie natürlich den Schwellenländern in Südostasien. Aber auch ein Land wie Bangladesch bestreitet inzwischen 60 Prozent seiner Exporte mit Textilien (und wird dabei natürlich durch die Handelsschranken erheblich getroffen). Doch gerade das Beispiel Bangladesch zeigt die Schwierigkeiten der ärmsten Länder: Wovon soll der Aufbau von Industrie- und Handwerksbetrieben gefördert werden, wenn die Einnahmen im Rohstoffgeschäft oder im Export einfacher Erzeugnisse durch fallende Preise und Protektionismus zurückgehen? Die Perspektiven für die Rohstoffländer bleiben düster.

4. Der Schuldenhammer

„Erinnert sich noch jemand an die Schuldenkrise in der Dritten Welt?" fragte spöttisch die *Zeit* bereits im Oktober 1991, das war neun Jahre nach jenem spektakulären Ausstieg aus dem Schuldendienst, mit dem Mexiko 1982 das Finanzsystem der Welt in gefährliche Nähe eines Kollapses gebracht hatte. Am 13. August jenes Jahres schloß die mexikanische Regierung die Devisenbörsen und teilte den wichtigsten Gläubigern lapidar mit, demnächst fällige zehn Milliarden Dollar Zins und Tilgung könnten nicht mehr bezahlt werden. Ein eigentlich nicht unvermögendes Ölland war pleite – und die Welt stand vor dem Finanzcrash. Denn der mexikanische Offenbarungseid war nur Höhepunkt einer längst schwelenden Krise. Seit Mitte der siebziger Jahre waren Kredite zumeist ohne jede Zweckbindung zu günstigen Konditionen in die Entwicklungsländer gepumpt worden. Als aber zu Beginn der achtziger Jahre wegen der riesigen Anleihen der US-Regierung, die damit ihr Rüstungsprogramm finanzierte, die Dollarzinsen in die Höhe schossen, waren die Kassen bei fast allen der großen Schuldnerländer in der Dritten Welt schnell ausgeräumt. Die Schuldenkrise war da.

Nun, ein gutes Jahrzehnt danach scheint sich die Situation entspannt zu haben. „Das Thema ist in der Deutschen Bank abgehandelt", ließ sich Hilmar Kopper, der Vorstandssprecher des größten deutschen Geldhauses schon im April 1992 zitieren. Und zur selben Zeit sprach sein amerikanischer Kollege William Rhodes, Vizepräsident der New Yorker Citicorp-Bank, vom „Ende der Schuldenkrise". Also Entwarnung, sind die Schulden kein Problem mehr? In der Bundestagsdebatte im November 1992 aus Anlaß des zehnjährigen Jubiläums der Schuldenkrise erklärte der CDU-Bundestagsabgeordnete Jochen Feilcke dagegen: „Für die meisten hochverschuldeten Entwicklungsländer, insbesondere im Subsahara-Afrika (also in Schwarzafrika), bleibt die Verschuldung ein zentrales Problem. Ein Anlaß zur Entwarnung ist nicht gegeben." Und die Organisation für Wirtschaftszusammenarbeit und Entwicklung (OECD), die Vereinigung der Industrieländer, erklärte ebenfalls im Herbst 1992, daß die Krise trotz beachtlicher Anstrengungen weiterhin ungelöst sei.

Wie kommt es zu solch ungleicher Bewertung desselben Phänomens? Rechnen werden die Finanz-Experten der OECD im Zweifel genauso gut können wie ihre Kollegen in den Frankfurter Zwillingstürmen der Deutschen Bank. Es kommt ganz einfach auf die Perspektive

Die Auslandsschulden der Dritten Welt

60,8 Mrd $
China
Schulden pro Kopf: 53 $

71,6 Mrd $
Indien
Schulden pro Kopf: 83 $

73,6 Mrd $
Indonesien
Schulden pro Kopf: 406 $

116,5 Mrd $
Brasilien
Schulden pro Kopf: 769 $

67,3 Mrd $
Argentinien
Schulden pro Kopf: 2058 $

101,7 Mrd $
Mexiko
Schulden pro Kopf: 1221 $

50,3 Mrd $
Türkei (zum Vergleich)
Schulden pro Kopf: 878 $

40,6 Mrd $
Ägypten
Schulden pro Kopf: 757 $

52,5 Mrd $
Polen
Schulden pro Kopf: 1374 $

67,2 Mrd $
ehem. UdSSR
Schulden pro Kopf: 233 $

Quelle: Weltbank Stand Anfang 1992

Graphik d.jemming

an. Für die Banker hat sich das Problem weitgehend gelöst: Die Deutsche Bank hat ihre Außenstände gegenüber Ländern der Dritten Welt und Osteuropas – 1992 waren es rund sieben Milliarden Mark – bereits zum großen Teil „wertberichtigt", das heißt als steuermindernd abgeschrieben. Ein kompletter Rückzahlungsausfall, wie ihn 1982 Mexiko angedroht hatte, würde die Bank kaum mehr treffen. Ähnlich sieht es bei der Dresdner und bei der Commerzbank aus, bei vielen anderen Großbanken dürfte es nicht anders sein. Die Geldwirtschaft des Nordens hat sich also prächtig von der Schuldenkrise erholt. Und der Süden?

Der sitzt nach wie vor auf einem gigantischen Schuldenberg, 1993 war er nach Weltbankangaben mit deutlich mehr als 1400 Milliarden Dollar höher denn je. Zwischen 1982 und 1990, so rechnete die international renommierte Schuldenexpertin Susan George vor, haben die Entwicklungsländer fast genauso viel an Zins und Tilgung bezahlt, wie sie insgesamt an Krediten genommen hatten: 1345 Milliarden Dollar flossen trotz Schuldenkrise und teilweise schleppender Rückzahlungen zurück an die Geldgeber im Norden. Dennoch wuchs der Schuldenberg in dieser Zeit um 60 Prozent an. Die ärmsten Staaten Schwarzafrikas kommen sogar auf einen Anstieg um 110 Prozent.

Insgesamt, bilanziert Susan George, hat der Norden an der Krise enorm verdient: In dem Jahrzehnt seit dem mexikanischen Offenbarungseid 1982 gab es einen Nettokapitaltransfer vom Süden in den Norden in Höhe von 398 Milliarden Dollar. Die Überweisungen für den Schuldendienst lagen also höher als der Mittelzufluß aus dem Norden in die Dritte Welt etwa durch Entwicklungshilfe, Kredite oder Investitionen. 1991 stagnierte nach OECD-Berechnungen der Geldtransfer von Nord nach Süd bei 137,5 Milliarden Dollar, während der Schuldendienst 151 Milliarden Dollar betrug, dank verschiedener Umschuldungsabkommen immerhin acht Milliarden weniger als im Jahr zuvor.

Wie konnte es überhaupt zu der gigantischen Schuldenexplosion und der Krise kommen? 1970 betrugen die Auslandsschulden der Dritten Welt noch 100 Milliarden Dollar, und 1980 lagen sie bei 650 Milliarden und verdoppelten sich bis 1990 auf 1350 Milliarden. Während die Gesamtsumme, rechnet man großzügig in Milliarden, in den ersten drei Jahren dieses Jahrzehnts nur noch geringfügig angestiegen ist, wird eine Verschiebung innerhalb des Schuldenbergs immer deutlicher. Die Last wird nach und nach auf die ärmsten Länder abgewälzt, die ungleich mehr unter Druck stehen. So hat der Schuldenberg Schwarzafrikas inzwischen solche Dimensionen angenommen, daß eine Rückzahlung völlig irreal geworden ist: Er beträgt 106 Prozent des Bruttosozialprodukts des Schwarzen Kontinents, wie UNO-Generalsekretär Butros Butros Ghali Ende 1992 bekanntgab. Selbst wenn ganz Afrika ein Jahr lang nur für den Norden arbeiten würde, jeden Cent auf die Konten der Geberländer überweisen würde, stände es bei uns noch immer in der Kreide. 1990 brachten die afrikanischen Staaten 24 Prozent ihrer Exporterlöse für Zinsen und Tilgung auf, 1991 schon 31 Prozent – und das war oftmals nur die Hälfte der fälligen Raten.

Ganz anders sieht es bei den Ländern mit mittlerem Einkommen aus – meistens lateinamerikanische Staaten. Sie konnten ihre Schuldenlast kontinuierlich verringern. 1991 überwog erstmals seit zehn Jahren wieder der Kapitalzufluß den Ressourcenabzug: Brasilien, Mexiko und Argentinien konnten ihre Lasten in Umschuldungsabkommen erleichtern und durch Privatisierungen von Staatsbetrieben zusätzlich verringern. Allein Brasiliens Verbindlichkeiten beliefen sich vor Abschluß des Abkommens auf gut 115 Milliarden Dollar; es streitet sich dabei mit Mexiko um den Rang des höchstverschuldeten Lands der Dritten Welt. Durch den Vertrag sollten die Lasten Brasiliens um 15 Milliarden erleichtert werden. Insgesamt aber sind die Länder Lateinamerikas – im Vergleich zu Schwarzafrika – eher gering verschuldet: Sie bräuchten nur ein halbes Jahr Arbeit ohne Wasser und Brot, um ihre Verpflichtungen gegenüber den Gebern abzudienen. Je weniger es jedoch für die Gläubiger im Zweifel zu holen gibt, desto schwerer wird es den Ländern gemacht, sich aus der Schuldenfalle zu befreien. Butros Ghali zog 1992 daraus die Konsequenz und forderte einen Schuldenerlaß für Afrika. Denn welche finanzpolitische Brille man auch aufsetzen mag: Aussichten den „Klotz am Bein", wie Butros Ghali die gigantischen Auslandsschulden Afrikas von gut 150 Milliarden Dollar nannte, loszuwerden, hat der Kontinent sonst nicht.

Rezepte, die Schuldenkrise zu lösen, gab es viele, genutzt haben wenige. In den achtziger Jahren propagierten Weltbank und Internationaler Währungsfonds (IWF) vor allem einen Vorschlag: strenge Sparprogramme zur Förderung der Wirtschaft. Der Preis dieser sogenannten Strukturanpassung waren freilich enorm hohe soziale Kosten: Die Arbeitslosigkeit stieg, weil Staatsbetriebe ausgedünnt oder privatisiert und die Verwaltungen gestrafft wurden; die Gehälter für Lehrer oder Krankenschwestern beispielsweise wurden gekürzt, weil von den knappen

Staatsfinanzen zunächst die Auslandsschulden bedient werden sollten; die Löhne fielen, weil die vielen Rohstoffe, die auf den Markt kamen, um die Schulden zu bedienen, die Preise verfallen ließen. Und noch immer verteidigt die Weltbank offiziell diese Politik. Die Länder, die sich seit fünf oder sieben Jahren solche Programme auferlegt hätten, ständen inzwischen besser da, als diejenigen, die sich entzogen hätten, sagte einer der Vizepräsidenten der Weltbank, Johannes Linn, im Frühjahr 1993. Allerdings haben die internationalen Finanzbeschaffungsorganisationen auch die hohen Kosten dieser radikalen Entschuldungsprogramme entdeckt und ihre Programme umgebaut – manche sagen, Anlaß waren die Hungerrevolten in Venezuela, denen 1989 Hunderte zum Opfer fielen. Inzwischen setzt zum Beispiel die Weltbank ein Fünftel ihrer Neuinvestitionen gezielt zur Armutsbekämpfung ein; Projekte, die den Armen und sozial Benachteiligten – in vielen Regionen eben Frauen – zugute kommen, werden gezielt gefördert. „Investitionen in die menschliche Entwicklung" heißt jetzt das neue Rezept. Es zielt auf Verbesserungen der Basisversorgung: Investitionen in Grundschulen und Berufsausbildung, der Aufbau von kleinen ländlichen Gesundheitsdiensten anstelle von Krankenhäusern.

Natürlich gibt es auch Stimmen, die sagen, alles sei genau anders herum, die Verschuldungskrise stelle die Geschichte auf den Kopf. Zum Beispiel machte mit dieser These der deutsch-iranische Wirtschaftswissenschaftler Hafes Sabet im Jahre 1991 Schlagzeilen. In Wahrheit schuldeten die Entwicklungsländer dem Norden keinen Cent mehr, weil die Schuldenlast bei einer „gerechten, nicht auf die reinen Geldströme verengten Betrachtung" mehr als getilgt sei. Denn, wenn der Protektionismus, die seit Jahrzehnten sich verschlechternden Rohstoffpreise, die enorme Kapitalflucht aus der Dritten Welt und die zu hohen Zinsen berücksichtigt würden, so dozierte Sabet, ergebe sich vielmehr die enorme Summe von 50 Billionen Dollar, die der Norden schon dem Süden genommen habe.

Vielleicht nicht so originell, wohl aber realistischer dürfte eine Empfehlung sein, die die internationalen Entwicklungsinstitutionen, allen voran Währungsfonds und Weltbank, seit einiger Zeit propagieren: das FDI, *foreign direct investment*, die ausländischen Direktinvestitionen. Sie stellen, so die Erfahrung der multilateralen Organisationen, die wertvollste Devisenquelle für die Entwicklungsländer dar, wesentlich ergiebiger letztlich als staatliche Kapitalströme wie etwa die Entwicklungshilfe. Denn außer Geld bringen die Investoren auch Interesse mit: Interesse, daß sich ihre Geldanlage lohnt. Kurz: Sie bieten Zugang zu Technologie, Management und über kurz oder lang auch zu den Märkten der Industrieländer an. Deshalb, so die Empfehlung der Weltbank, müßten die Entwicklungsländer alles tun, ihre Märkte attraktiv für die Investoren zu machen. Auf der Frühjahrstagung 1993 von IWF und Weltbank wurden diese Direktinvestitionen denn auch als „Erfolgsstrategie" gefeiert: Seit 1990 sind die ausländischen Privatinvestitionen in der Dritten Welt um die Hälfte auf 38 Milliarden Dollar emporgeschnellt – allerdings zeichnet sich auch hier die Teilung der Dritten Welt in Arm und Reich ab: Die hochverschuldeten Länder mit mittlerem Einkommen, wie es im Weltbankjargon heißt, also ein Land wie Mexiko, schnitten dabei natürlich viel besser ab als beispielsweise Tansania, ein hochverschuldetes Land mit niedrigem Einkommen. 70 Prozent dieser Direktinvestitionen verteilen sich denn auch auf nur zehn Entwicklungsländer, vor allem Staaten in Lateinamerika und Südostasien. Und die ärmsten Länder, die *least developed countries,* erhalten gerade nur zwei Prozent (Stand 1989).

Weniger realistisch, aber auf lange Sicht vermutlich unumgänglich dürfte da ein Vorschlag sein, den der Schuldenexperte Karl A. Ziegler, ein früherer Investment Banker, 1991 in der *International Herald Tribune* machte. Schulden sollten solange ausgesetzt werden, solange die Entwicklungsländer tatsächlich in ihre Entwicklung investierten, in die Verbesserung der Sozialdienste, der Verwaltung, des politischen Systems und des Umweltschutzes. Nur wenn man die Schulden auf Eis lege, so Ziegler, könnte der Eisberg der Schulden schmelzen. Ein gewagtes Bild, wenn man bedenkt, in welchen Weltregionen sich die Schulden aufgehäuft haben, um so treffender aber, wenn man die bis heute eingetretenen Langzeitfolgen der Verschuldung betrachtet: grassierende Armut, Umweltverschmutzung, Raubbau an Mensch und Natur, die das Leben in den Entwicklungsländern lähmen. Schulden sollten zu günstigen Konditionen an den Finanzmärkten „verkauft", das heißt reduziert werden, und Entwicklungshilfe könnte dazu benutzt werden, die Umschreibung der Schulden zu finanzieren.

Nun, das sind Pläne, allein der politische Wille fehlt, sie im großen Maßstab umzusetzen. Obwohl die Geschäftsbanken – zumindest die deutschen – die meisten ihrer Forderungen ja längst abgeschrieben haben, weigern sie sich trotz entsprechender Aufforderungen der Bundesregierung, die Schulden ganz zu erlassen. Kein Wunder, daß sie auf derartige Appelle wie Taubstumme reagieren. Denn auch bei den staatlichen Schuldeintreibern sieht es nur wenig besser aus: Zwar gibt es immer wieder Schuldnachlässe für die Ärmsten – auch und gerade durch die Deutschen. Doch insgesamt sieht die Bilanz mager aus: Gerade mal fünf Prozent des gesamten Schuldenstands hat Bonn erlassen, rechnete der SPD-Entwicklungsexperte Ingomar Hauchler der Bundesregierung im Herbst 1992 vor. Und die Schuldenerlasse des Pariser Clubs, der Vereinigung westlicher Gläubigerländer, für die Ärmsten gelten zunächst nicht für den Gesamtbestand der Schulden, sondern nur für die Forderungen der nächsten drei Jahre. Ein paar kleine Ringe sind den dürren Gewichthebern aus dem Team der Dritten Welt mittlerweile von der Hantel genommen worden. Doch noch immer straucheln sie, bemüht die Last zu stemmen. Und die Wettkampfrichter aus dem Norden kennen kein Einsehen. Vor allem aber: Der Neuanfang in einer anderen, erfolgversprechenden Disziplin wird den Schwächsten so verwehrt.

5. Die abnehmende Schieflage?

Bei allen Problemen gibt es auch Stimmen, die der Dritten Welt trotzdem große Perspektiven voraussagen. Im Januar 1993 etwa veröffentlichte die auch in Asien vielgelesene *International Herald Tribune* auf ihrer Meinungsseite die Schlagzeile: „Weltwirtschaft in den Neunzigern: Große neue Spieler aus der Dritten Welt". Der Schlüssel zum wirtschaftlichen Erfolg sei nicht mehr nur irgendwo in der Triade USA-EG-Japan zu finden, sondern liege in den aufstrebenden Schwellenländern Asiens und Lateinamerikas. Die Weltbank spricht bereits vom „vierten Wachstumsbein", das der Weltwirtschaft im CEA, im chinesischen Wirtschaftsraum, erwächst, zu dem neben China vor allem die kleinen Tiger Südostasiens zählen.

Beispiele, die diese These erhärten, gibt es genug: Seit 1962 wächst die Wirtschaft im CEA durchschnittlich um sieben Prozent, und eine Verlangsamung des Tempos wird für die nächsten zehn Jahre nicht vorausgesagt. Indien werden für den Rest des Jahrzehnts trotz der innenpolitischen Turbulenzen Wachstumsraten um fünf Prozent vorausgesagt, Europa nicht einmal die Hälfte. Mexiko bildet mehr Wissenschaftler aus als Frankreich. Die Ausbildungszahlen von Südkorea werden in Europa nur noch von Deutschland übertroffen.

Die Kosten einer Halbleiter-Fabrik irgendwo in Ostasien, wo es genug ausgebildete Arbeitskräfte und sowieso ein investitionsfreundliches Klima gibt, liegen 20 Prozent unter denen, die ein solches Werk in Japan oder in den USA verschlingen würde, und fast ein Drittel unter den in Europa nötigen Ausgaben. Die Daimler-Benz-Tochter AEG kam Anfang 1993 in Deutschland auf tägliche Lohnkosten von 252 Mark pro Arbeiter. In ihren beiden Fabriken in Manila muß sie zwölf Mark pro Tag und Arbeitskraft rechnen – und das ist schon die Hälfte mehr als der Minimallohn für Industriearbeiter in der philippinischen Hauptstadt. Klar doch, daß auf den Philippinen die Wochenarbeitszeit höher liegt, und die Fabriken auch am Wochenende betrieben werden können.

Indien hat um die Hälfte mehr Software-Spezialisten als Japan, sogar doppelt soviele als Deutschland. Auf dem „Silicon Hill" bei Madras werden Software-Programme für führende amerikanische Computerhersteller entworfen – die Kostenersparnis für die Auftraggeber aus dem Norden liegt zwischen 25 und 50 Prozent. In den Jahren 1990/91 exportierte das Land schon Software im Wert von 120 Millionen

Dollar. Und die Nachfrage steigt. Inzwischen gehören indische Firmen sogar zu den Investoren in den neuen Bundesländern, die dort zahllose Arbeitsplätze sichern.

Auch als Markt wird die Dritte Welt immer interessanter: Zwischen 1986 und 1991 haben die Amerikaner ihre Ausfuhren nach Mexiko verdreifacht, was sicher nicht zuletzt die Idee gefördert hat, das Land in die geplante nordamerikanische Freihandelszone NAFTA aufzunehmen. Singapur, Taiwan und Hongkong zusammengenommen, sind für die US-Wirtschaft inzwischen ein wichtigerer Absatzmarkt als Deutschland. Doch am Beispiel der amerikanischen Exporte wird nur allzu deutlich: Ein Großteil der Ausfuhren geht in die sogenannten Länder mit mittlerem Einkommen, eben an Länder des CEA, nach Mexiko, Brasilien, Argentinien, nach Malaysia oder Südkorea. Die 50 ärmsten Länder der Welt tauchen in den Erfolgsstatistiken niemals auf.

Die Wachstumsmärkte in der Dritten Welt sind ungleich verteilt. Während Ostasien selbst bei ungünstigster Entwicklung der Weltwirtschaft weiter wachsen dürfte, wird Schwarzafrika egal, ob sich die Weltkonjunktur erholt, nicht aus dem Schlamassel herauskommen. Denn ein Gesetz der Weltwirtschaft darf nicht vergessen werden: Wenn es bergab geht, sind diejenigen als erste im Abgrund, die ihm bereits heute verdammt nahe sind, während die anderen irgendwo noch anhalten können: Das wirtschaftliche Ungleichgewicht zwischen Nord und Süd, aber auch das im Süden selbst wird sich also – egal ob's bergauf oder bergab mit der Weltwirtschaft geht – zu Lasten der Armen verschärfen. Ihr noch immer immenses wirtschaftliches Gewicht verpflichtet die Industrieländer und zunehmend auch die Schwellenländer, den Absturz der Ärmsten zu verhindern – wer könnte es auch sonst?

4. Teil:
Das militärische Ungemach

1. Die Hochrüstung der Hungerleider

Ahmed Rabah ist ein guter Taxifahrer. Ohne seine Künste wären wir nie nach Rumeilah gekommen, in dieses gottverlassene Kaff mitten im Nirgendwo, dort wo die Straße von Amman nach Bagdad über die unsichtbare Linie verläuft, die Jordanien und den Irak trennt. Nicht in diesen Zeiten! Als nachts die Bomben auf Bagdad und Basra hagelten, täglich Tausende aus dem Irak Zuflucht vor den Luftangriffen der Golfkriegs-Alliierten ausgerechnet in Rumeilah suchten – und ein aufgeregter jordanischer Heerhaufen genau diese Straße in Richtung Rumeilah entlang kroch. Nein, ohne die Überredungskünste Ahmeds wären wir gewiß nicht an dem guten Dutzend Straßensperren vorbeigekommen, an denen die Militärpolizisten um so unwirscher wurden, je näher wir dem Grenzort kamen. Und ohne die Fahrkünste Ahmeds wäre der schwere beige-gelbe Diesel aus Deutschland sicher irgendwann mit Achsbruch in einem der ungeheuren Schlaglöcher auf der parallel zum Asphaltband verlaufenden Sandpiste liegengeblieben, auf die wir ausweichen mußten, weil die befestigte Straße immer wieder von Militärkolonnen blockiert war. Waren das schwere Chieftain-Panzer aus britischer Produktion, die auf den dunklen Tiefladern festgezurrt waren? Und die kleineren Panzerfahrzeuge, waren das Haubitzen oder Spähpanzer? Ein Militärexperte hätte sofort einschätzen können, wie groß das Abschreckungspotential der Hunderten von Panzerfahrzeugen war, die hier so mühsam gen Osten rollten. Er hätte auch abschätzen können, ob das nun zwei Abfangjäger waren, die plötzlich im Süden am gleißenden Winterhimmel über der Wüste auftauchten, oder Bomber. Und vielleicht hätte er auch sofort die Funktion der kleinen kreisenden Radarantennen in den Bergen auf halber Strecke jenseits der Straße erklären können. Doch auch einem Laien, der das Kriegsgerät nicht so genau auseinanderhalten kann, mußte sofort auffallen, daß dieses Land am Rande des Golfkriegs hochgerüstet war. Wofür, oder besser: gegen wen Jordanien diesen Aufwand gerichtet hatte, das mochte sich dem Laien

◁ *Die Hochrüstung der Dritten Welt ist ein einträgliches Geschäft, bei dem diejenigen auf der Strecke bleiben, die weder Geld noch Macht haben: die Armen.*

auch bei heftigem Nachsinnen nicht erschließen. Ein Land, das im Jahr vor dem Golfkrieg, gemessen an der eigenen Wirtschaftsleistung, prozentual mehr als dreimal so viel in die Rüstung steckte als beispielsweise Norwegen, das etwa gleich viele Einwohner hat. Jeweils für gut 120 Millionen Dollar importierte Jordanien in den Jahren vor dem Golfkrieg Waffen – und das bei einem Pro-Kopf-Einkommen von 1240 Dollar. Wofür also dieser Aufwand? In Amman raunte uns ein hochrangiger Gesprächspartner zu, es seien Pläne Israels für den Durchmarsch zur irakischen Grenze bekannt. Nur davor hatten die Jordanier im Winter 1991 offenbar keine Angst, denn die Truppen wurden auf die Straße gen Bagdad geschickt, als sollten sie eher nach dem ruhmlosen Ende der Mutter aller Schlachten die geschlagenen Truppen des Nachbarlandes vor dem unerlaubten Grenzübertritt ins befreundete Jordanien bewahren. Oder war es eine Demonstration der Stärke gegenüber dem Nachbarn im Süden? Die Saudis waren ja auf die Verwandten in Amman wegen ihrer Freundschaftsbezeugungen für Saddam nicht allzu gut zu sprechen. Oder war der Aufmarsch eine Demonstration für den mächtigen Nachbarn im Norden, das bis an die Zähne bewaffnete Syrien? Militärstrategen mögen vielleicht eine sinnvolle Erklärung finden. Doch allen, die nur mit ein bißchen gesundem Menschenverstand ausgestattet sind, beweist der Truppenaufzug in der Wüste, wieweit sich militärische Macht im Nahen Osten verselbständigt hatte: Jeder bedrohte jeden, die Rüstung ist längst außer Kontrolle geraten. Schauplatzwechsel: Im Hafen von Surabaya, der Millionenstadt im Nordosten der Insel Java, hat die Fähre Kelimutu festgemacht – ein besonders schönes Beispiel gelungener Entwicklungshilfe. Denn das Schiff, eine von zehn aus Deutschland gelieferten Fähren, verbindet regelmäßig die Hauptinseln Indonesiens miteinander. 4000 Menschen, so erklärt der Kapitän, nehme er schon mal auf einer Tour mit (nur 1000 sind zugelassen, aber um Revolten im Hafen zu vermeiden, müssen halt schon einmal mehr Leute an Bord). Vier Millionen Passagiere befördern die Fähren jedes Jahr, im Jahr 2000 sollen es zehn Millionen sein – wenn inzwischen neue Schiffe in Lizenz gebaut worden sind. Schaut man übrigens am Passagierpier in Surabaya in Richtung Osten übers Hafenbecken, bleibt das Auge unweigerlich an den Aufbauten, Masten und Antennen einer stattlichen Anzahl anderer, grauweißer Schiffe hängen – Surabaya ist das, was man früher einen Kriegshafen nannte, Hauptstützpunkt für Indonesiens Marine. Eine Flotte, die 1993 mit deutscher Hilfe zur stärksten Seestreitmacht der Region geworden ist. Denn 16 Schnellboote der Kondorklasse nahmen von Peenemünde aus Kurs auf Surabaya, begleitet von 14 Landungs- und neun Minensuchbooten aus Beständen der ehemaligen DDR-Volksmarine. Längst beunruhigt die Nachbarn Malaysia und Singapur, ja selbst Japan dieser Trend. Und jeder weiß, daß die Schiffe nicht nur zum Küstenschutz taugen, wie die Indonesier behaupten. Warum das Inselreich unter tätiger deutscher Mithilfe (drei Unterseeboote wurden 1993 auch noch bestellt) nun unbedingt zur Seemacht aufsteigen will, weiß keiner so genau. Nur eines wissen die Nachbarn: Auch sie brauchen jetzt mehr dieser grauweißen Schatten auf den Meeren. Jeder könnte dann jeden bedrohen, die Rüstung wäre außer Kontrolle geraten.

Die gute Nachricht zuerst: Die Rüstungsausgaben sind erstmals seit dem Zweiten Weltkrieg weltweit gesunken, zwischen 1987 und 1990 um 240 Milliarden Dollar. Auch die Entwicklungsländer gaben zusammengerechnet elf Milliarden Dollar weniger fürs Militär aus. Jetzt die schlechte Nachricht: 1991 kletterten die Militärausgaben der Entwicklungsländer wieder aufs alte Niveau – zur Hauptsache eine Folge des Golfkriegs. Nach Schätzungen des Stockholmer Instituts für Friedensforschung (SIPRI) fielen 1992 zwar die Rüstungsexporte der Industriestaaten in die Entwicklungsländer im Vergleich zum Vorjahr um mehr als ein Fünftel, doch wurde der Effekt durch einen gegenläufigen Trend wieder aufgehoben: Die Waffenproduktion und der Handel mit Rüstungsgütern in der Dritten Welt selbst sind dramatisch angestiegen. Die Militarisierung der Dritten Welt, ein seit den sechziger Jahren anhaltender Trend, setzt sich ungeachtet des Endes des kalten Kriegs offenbar unaufhaltsam fort.

Hielt das Gleichgewicht des Schreckens Ost und West über Jahrzehnte auf Abstand, so entlud sich die Spannung in Konflikten von Korea bis Kambodscha, von Afghanistan bis Angola stets in der Dritten Welt. Einer Statistik der Weltbank zufolge starben in den Kriegen und Bürgerkriegen, die ja auch allzuoft nur Stellvertreterkriege der Supermächte waren, zwischen 1949 und 1989 weit mehr als zehn Millionen Menschen – und das ist eine sehr vorsichtige Schätzung. Alle – bis auf 11 000 dieser Menschen starben irgendwo in der Dritten Welt. Zwei Millionen Menschen sollen allein im äthiopischen Bürgerkrieg umgekommen sein – das entspricht etwa sieben Prozent der Bevölkerung des Landes bei Ausbruch des Konfliktes im Jahre 1974. 2000 Menschen kamen im berühmten Fußballkrieg zwischen Honduras und El Salvador um, der 1969 über ein Fußballmatch der beiden National-

130 *Das militärische Ungemach*

Bei allen Hochrüstern überschreiten die Investitionen für militärische Hochtechnologie bei weitem die Ausgaben für soziale Basisdienste: Parade in Maputo.

Die Hochrüstung der Hungerleider 131

teams ausgebrochen war. Doch dieser Konflikt, der keine fünf Tage währte, machte 100 000 Menschen zu Flüchtlingen.

Und wer gehofft hatte, daß die Schlächtereien und Vertreibungen mit dem Abschied vom kalten Krieg ein Ende finden könnten, sah sich bitter enttäuscht. In Europa brachen neue ethnisch bedingte Konflikte auf, und die Stellvertreter in Angola oder Kambodscha erwiesen sich als uneinsichtige *warlords*, die auf eigene Rechnung weiter kämpften. Die Weltbank führt in ihren Statistiken in den achtziger Jahren noch 35 Bürgerkriege und internationale Konflikte, denen vier Millionen Menschen zum Opfer fielen. Das renommierte Institut für Politische Wissenschaft der Universität Hamburg kam 1992 gar auf 52 Kriege – zu Beginn der neunziger Jahre sei ein seit dem Zweiten Weltkrieg noch nie dagewesenes Maß an kriegerischer Gewalt zu verzeichnen, hieß es in einer Studie des Instituts. Das Internationale Zentrum für Konfliktforschung des ehemaligen amerikanischen Präsidenten Jimmy Carter zählte im Frühjahr 1993 gleichzeitig 34 Kriege und 112 innerstaatliche Konflikte.

Für diese Ausbrüche kollektiven Wahnsinns muß man natürlich gerüstet sein – und die Dritte Welt ist es. Da macht es, so die Einschätzung der Weltbank nach Jahrzehnten der Beobachtung, letztlich wenig aus, ob die Länder von zivilen oder Militärregierungen gelenkt werden. Einer Studie des Weltwährungsfonds (IWF) zufolge gaben die Entwicklungsländer zwischen 1972 und 1988 durchschnittlich 5,5 Prozent ihres nationalen Einkommens jedes Jahr für die Rüstung aus. (Das Entwicklungsprogramm der Vereinten Nationen, UNDP, kommt in seinem Jahresbericht 1993 nur auf 3,4 Prozent, hatte im Jahr zuvor aber noch 4,4 errechnet). 30 Entwicklungsländer gaben Ende der achtziger Jahre mehr als diese fünf Prozent aus, 1990, im Jahr der internationalen Abrüstung, waren es laut UNDP noch 16 Staaten (wobei von Hochrüstern wie China keine Zahlen vermerkt waren). Noch drastischer sind die Zahlen, wenn man den Anteil der Rüstungsausgaben am Etat der jeweiligen Regierungen betrachtet: Da liegt der langjährige Schnitt der IWF-Studie zufolge sogar bei 20 Prozent. Außer Ghana kommt in der Gruppe der ärmsten Länder keine Regierung mit weniger als fünf Prozent fürs Militär aus (wobei zugestanden werden muß, daß die Hälfte keine Zahlen gemeldet hat, darunter solch ungemein friedlichen Länder wie Mosambik, Äthiopien, Ruanda, Haiti oder Afghanistan). Den höchsten Anteil an den Staatsausgaben gab 1990 mit 30,9 Prozent Pakistan fürs Militär aus; zum Vergleich: In Deutschland

Hitliste des Todes – Hochrüster in der 3. Welt
(Anteil in Prozent der Gesamtausgaben)

Land	Ausgaben für Verteidigung 1991	Ausgaben für Bildung 1991	Ausgaben für Gesundheit 1991
Syrien	31,5	7,4	1,9
Pakistan	27,9	1,6	1,0
Jordanien	21,3	14,8	5,0
El Salvador	20,6	14,4	7,7
Thailand	17,1	20,2	7,4
Indien	17,0	2,5	1,6
Simbabwe	16,5	23,4	7,6
Peru	16,4	21,1	5,6
Paraguay	13,3	12,7	4,3
Guatemala	13,3	19,5	9,9

lag der Anteil der Staatsausgaben für Rüstung bei 8,3 Prozent. Natürlich müssen alle Zahlen mit großer Vorsicht betrachtet werden: Die tatsächlichen Ausgaben dürften – nicht nur bei uns – noch um einiges höher liegen.

Besondere Brisanz gewinnen solche Zahlenspiele, wenn man noch eine weitere Vergleichsgröße in die Runde wirft: die Ausgaben für Gesundheit und Bildung, sozusagen die Basisinvestitionen in die Menschen. Saddam Hussein, wen wundert es, steckte fünfmal so viel Geld in seine Armee und Garde als in den sozialen Bereich. Ähnliche Zahlen sind aus Somalia gemeldet, Pakistan oder Äthiopien investierten zweieinhalbmal soviel ins Militär, Indonesien, das aufstrebende Land in Südostasien, gibt anderthalbmal soviel für Rüstung als für Sozialdienste aus. Auch die sozialistische Regierung Kubas, dem Wohl des Volkes doch eigentlich besonders verpflichtet, pumpt mehr Geld in die Kasernen als in Schulen und Krankenhäuser. Und selbst Tansania, eines der ärmsten Länder der Welt gibt heute mehr für Rüstung aus als für Bildung und Gesundheit – trotz beispielsweise des gravierenden Aids-Problems, unter dem gerade dieses Land zu leiden hat.

Fast mag es so scheinen, als ob das von den Industriestaaten auch noch belohnt würde: Die Hochrüster in der Dritten Welt haben Ende der achtziger Jahre UNO-Statistiken zufolge ein Viertel der Entwicklungshilfe bekommen. Zehn der 34 Staaten mit den höchsten Militärausgaben waren gleichzeitig unter den 20 führenden Empfängerländern westlicher Hilfe. Gemessen aber an der Pro-Kopf-Verteilung der Entwicklungshilfe schnitten die Hochrüster sogar am besten ab: Sie erhielten fast doppel soviel Entwicklungshilfe wie die Länder, die zwischen zwei und vier Prozent ihres Nationaleinkommens ins Militär steckten, also auch noch unterm Durchscnitt blieben. Die Hochrüstung der Hungerleider – ein einträgliches Geschäft, bei dem diejenigen auf der Strecke bleiben, die weder über Macht noch über Geld verfügen: die Masse der Armen in der Dritten Welt.

2. Das Riesengeschäft mit der Rüstung

Der Eklat auf der Technogerma, der deutschen Industriemesse in Seoul, war perfekt: Präsident Richard von Weizsäcker bestand auf der Entfernung eines Modells des Tornado-Kampfflugzeugs von der Schau während seiner Anwesenheit, auf allfälligen Fotos neben dem Bomber-Modell wollte er nicht als Schutzpatron der deutschen Rüstungsexporteure erscheinen. Daimler-Konzernchef Edzard Reuter, aus dessen Imperium der Flieger stammte, sprach von Heuchelei. Das war wenige Tage nach dem Ende des Golfkriegs, der nur allzu deutlich gemacht hatte, wohin das hemmungslose Geschäft mit dem Tod führen konnte: zur Hochrüstung eines Despoten, der durch skrupellose Waffenverkäufer in den Stand gesetzt worden war, Nachbarländer zu überfallen und die Welt zu terrorisieren.

Die kurze Denkpause, die das Golfabenteuer vielleicht dann doch in Deutschland oder bei anderen Rüstungsexporteuren ausgelöst haben mag, ist längst zu Ende. Trotz mehrmaliger Anläufe 1991 und 1992 gelang es den fünf Mitgliedern des Weltsicherheitsrates nicht, sich auf wechselseitige Beschränkungen im Waffengeschäft zu einigen. Die USA, Rußland, Frankreich, Großbritannien und China sind gleichzeitig die größten Rüstungsexporteure der Welt. Da half dann genauso wenig, daß noch 1991 ein UNO-Register für konventionelle Waffen beschlossen wurde, in dem alle internationalen Waffengeschäfte und Verkäufe waffenfähigen Materials registriert werden sollen. Doch das Register kann nur funktionieren, wenn die Regierungen ihre Ein- und Verkäufe auch melden. Und daran hapert es natürlich. Denn Rüstungsgeschäfte sind Big Business, und keiner hängt solche Geschäfte gerne an die große Glocke – zumal wenn das Geschäft in den Zeiten nach der großen Ost-West-Konfrontation wieder von neuem zu blühen beginnt. Von der Friedensdividende ist längst keine Rede mehr: Sie wird in der Dritten Welt in die Kriegsmaschinerien gesteckt.

„In Asien werden die Streitkräfte modernisiert", faßte die *Frankfurter Allgemeine Zeitung* im April 1993 trocken die Tendenz auf einem Kontinent zusammen, der nach dem Ende des kalten Krieges sogar aufrüstet und in einen „kolossalen Großeinkauf" verfallen ist, wie die *New York Times* feststellte. Man braucht nur die Schlagzeilen der kleinen Meldungen in den Zeitungen zu vergleichen, um das Ausmaß des asiatischen Wettrüstens deutlich zu machen: „Rußland verkauft 20 MiG 29 an Indien", meldete die *International Herald Tribune* am 25.

Hitliste des Todes II –

1. In Millionen US Dollar (Stand 1990)

Rangliste im weltweiten Vergleich		1983	1984	1985	1986
4	China	1752	1784	1519	1532
10	Brasilien	465	381	243	254
12	Israel	500	358	267	280
15	Ägypten	382	284	157	201
19	Nordkorea	210	161	88	32
24	Südkorea	62	114	95	95
25	Jordanien	254	152	0	23
26	Libyen	138	45	31	37
31	Irak	79	0	0	0
32	Saudi-Arabien	0	2	0	51
33	Singapur	1	58	59	26
34	Pakistan	0	0	0	0
37	Vietnam	0	0	0	0
40	Syrien	20	1	18	21
41	Äthiopien	0	27	0	0
	Insgesamt	**45 006**	**43 098**	**40 106**	**42 964**

2. Anteile an weltweiten Lieferungen in Prozent

Rangliste im weltweiten Vergleich		1983	1984	1985	1986
4	China	4	4	4	4
10	Brasilien	1	1	1	1
12	Israel	1	1	1	1
15	Ägypten	1	1	0	0
19	Nordkorea	0	0	0	0
24	Südkorea	0	0	0	0
25	Jordanien	1	0	0	0
26	Libyen	0	0	0	0
31	Irak	0	0	0	0
32	Saudi-Arabien	0	0	0	0
33	Singapur	0	0	0	0
34	Pakistan	0	0	0	0
37	Vietnam	0	0	0	0
40	Syrien	0	0	0	0
41	Äthiopien	0	0	0	0
	Insgesamt	**9**	**8**	**6**	**6**

Waffen-Exporteure der Dritten Welt

1987	1988	1989	1990	1991	1992	1983-92
2983	2161	1009	1250	1705	1535	17230
666	507	293	169	23	36	3037
259	168	321	103	119	66	2441
243	282	78	38	0	0	1665
116	155	0	0	86	313	1161
0	48	33	33	33	17	530
14	5	53	0	0	0	502
93	56	0	28	0	0	427
2	156	26	0	0	0	262
149	0	0	0	18	0	220
51	0	5	0	0	12	211
3	0	1	62	129	0	194
47	0	81	0	0	0	128
0	10	9	0	0	0	79
38	3	0	0	0	0	68
46555	**40034**	**38133**	**29972**	**24470**	**18405**	**368743**

1987	1988	1989	1990	1991	1992	1983-92
6	5	3	4	7	8	5
1	1	1	1	0	0	1
1	0	1	0	0	0	1
1	1	0	0	0	0	0
0	0	0	0	0	2	0
0	0	0	0	0	0	0
0	0	0	0	0	0	0
0	0	0	0	0	0	0
0	0	0	0	0	0	0
0	0	0	0	0	0	0
0	0	0	0	0	0	0
0	0	0	0	1	0	0
0	0	0	0	0	0	0
0	0	0	0	0	0	0
0	0	0	0	0	0	0
10	**9**	**5**	**6**	**9**	**11**	**8**

Quelle: SIPRI

November 1992. „China liefert Pakistan angeblich Raketen", hieß es am 5. Dezember in derselben Zeitung. „Indonesiens Militärhaushalt steigt um 18,8 Prozent", meldete die Singapurer *Straits Times* am 21. November besorgt über den großen Nachbarn. Und der Poker um Flugzeuglieferungen nach Malaysia wurde auch in aller Öffentlichkeit ausgetragen: „Neues Angebot an Malaysia zum Kauf russischer Waffen", meldete die *FAZ* am 4. März 1993, und am 26. desselben Monats war in der *International Herald Tribune* nachzulesen: „Amerikanische *F 18* machen im Malaysia-Geschäft gegenüber den *MiG* Boden gut." Rüstungsexperten fürchten bereits die Auswirkungen der Überschußproduktion der russischen Waffenschmieden, die ganz Asien versorgen könnten. Von der indonesischen Aufrüstung zur See dank deutscher Hilfe war schon die Rede; daraufhin hatten die Russen den Philippinen ihre Dienste angeboten: Schnellboote, Korvetten und Minenräumer – dasselbe Programm wie die Deutschen. Thailand, Taiwan, Singapur, Malaysia, Brunei und Indonesien kündigten 1992 kräftige Anstiege ihrer Wehretats an, und schon 1991 hatte diese Region 35 Prozent aller größeren Waffeneinkäufe bestritten.

Doch nicht nur Asien rüstet munter weiter: Argentinien bestellte im Sommer 1993 in den USA 36 Jagdbomber vom Typ *Skyhawk*, Frankreich verkaufte Panzer an die Golfemirate für drei Milliarden Dollar, die Saudis haben bei den Amerikanern *F 15* geordert, und der Regierung in Harare fiel es schwer, Meldungen zu dementieren, daß sie nicht Kampfjets für 400 Millionen Dollar bei den Russen bestellt habe, dafür aber Panzer bei den Briten für 320 Millionen. Simbabwe gehört zu den Ländern, die mehr als 20 Prozent ihres Staatshaushalts in die Armee stecken (nach harschen Protesten gelobte die Regierung in Harare im Frühjahr 1993 aber Besserung).

Und die Wege der Händler des Todes sind verschlungen. Kann man nicht direkt verkaufen, geht es halt über einen Dritten. So gingen Waffen aus Deutschland und den USA über Paraguay nach Südafrika, obwohl offiziell ein Embargo über das Apartheid-Regime verhängt worden war. Auch Iran wurde im Golfkrieg so versorgt. Und in den großen Waffenstrom von Nord nach Süd mischt sich ein immer größerer Fluß von Rüstungsgütern innerhalb des Südens. Schon 1991 kün-

Eine der niederträchtigsten Arten der Kriegsführung: Weltweit sollen rund 200 Millionen Minen verlegt sein, die vor allem Zivilisten treffen – wie hier in Angola.

Das Riesengeschäft mit der Rüstung 139

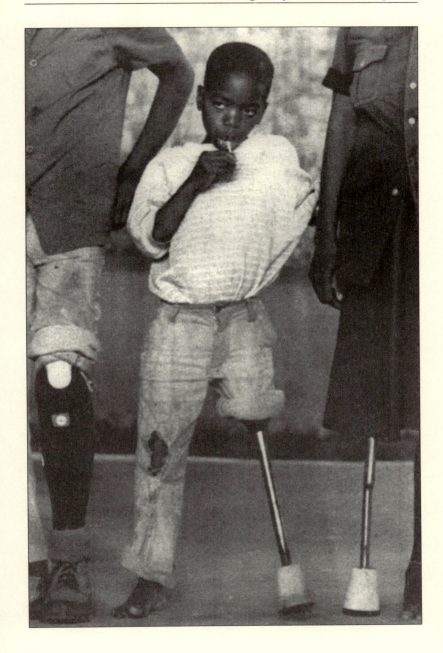

digte Indien an, seine Waffenexporte drastisch in die Höhe zu fahren und von 1995 an selbst Kampfflugzeuge zu bauen; bereits seit Jahren arbeitet das Land an einem umfangreichen Raketenprogramm. China, schon länger groß im Geschäft, engagiert sich zunehmend auf dem asiatischen Waffenmarkt. Argentinien geriet in die Schlagzeilen, als im Golfkrieg herauskam, daß es Raketentechnik an den Irak geliefert hatte, und auch die Nachbarn Argentiniens, Chile und Brasilien, haben einträgliche Geschäfte im Nahen Osten gemacht. Brasilien wird von den Rüstungsexperten bei SIPRI gar an siebter Stelle der internationalen Waffenhändler geführt, Ägypten, ein Land, das die Weltbank zu den ärmsten 40 der Welt zählt, rangiert auf der SIPRI-Liste noch auf Platz 15.

Manche Sicherheitspolitiker warnen angesichts der Dimension des Waffengeschäfts in und mit dem Süden bereits vor einer Militarisierung der Nord-Süd-Beziehungen. Auch wenn Saddam Hussein kaltgestellt wurde, an Feindbildern mangelt es gewiß nicht: Die Massen des Südens, der Fundamentalismus, die Verbreitung von Massenvernichtungswaffen werden untergründig als Gefahren empfunden (siehe Fünfter Teil), auch wenn konkret keine Bedrohung wahrgenommen werden kann. Es war daher nicht nur die Suche nach einem neuen Feindbild, die Bundeswehrstrategen nach der Vereinigung die Idee hat entwickeln lassen, eine Verteidigungsarmee zu einer Truppe umzubauen, die auch *out-of-area* eingreifen kann – so wie die Ledernacken der US-Armee, die Fremdenlegion oder Spezialeinheiten der Briten. Wehrexperten warnen immer häufiger vor Konfliktherden im Süden, die auf den Norden ausstrahlen könnten – der Golf war nur ein erster Fall. Und Regionalkonflikte toben ja genug in der Welt. Sorgen bereitet ihnen vor allem, daß das hemmungslose Geschäft mit der Rüstung manche Länder im kommenden Jahrhundert zu unberechenbaren Größen machen könnte.

3. Die Verbreitung des Schreckens

Mindestens 21 Länder verfügen über zwei Arten von Massenvernichtungswaffen, oder könnten sie jedenfalls binnen kurzer Zeit herstellen – seien es nun Atomwaffen, biologische oder chemische Kampfstoffe oder die Trägersysteme, die Kampfstoffe über größere Distanz befördern können. Die meisten dieser Länder verfügen sogar über drei, wenn nicht gar über vier dieser Waffenkategorien. Im Januar 1993 nannte der russische Geheimdienst außer den fünf Großmächten und den nuklear gerüsteten Nachfolgerepubliken der Sowjetunion 16 Staaten, die zumindest in der Entwicklung einer der ABC-Waffen weit fortgeschritten waren: Ägypten, Algerien, Argentinien, Brasilien, Chile, Indien, der Irak, Iran, Israel, Nord- und Südkorea, Libyen, Pakistan, Südafrika, Syrien, Taiwan. Zu Zeiten des Ost-West-Konflikts hielten sich die Besitzer dieser Waffen mehr oder minder im Gleichgewicht des Schreckens. Doch nach dem Ende des kalten Kriegs ist die kalkulierte Drohung mit dem Armageddon einer neuen Unberechenbarkeit des Schreckens gewichen.

Atomwaffen

„Es kann zuverlässig vorausgesagt werden, daß die Kombination von menschlicher Fehlbarkeit und Nuklearwaffen unausweichlich zu atomarer Zerstörung führen wird." Diese fürchterliche Feststellung stammt nicht von irgendeinem Untergangspropheten, der sich mit einer spektakulären Äußerung aufspielen will, sondern von einem, der es wissen muß: Robert S. McNamara, unter Kennedy und Johnson amerikanischer Verteidigungsminister und danach Präsident der Weltbank, veröffentlichte diese Warnung im Frühjahr 1993 in der *New York Times*. Weltweit gibt es etwa 40 000 Atomsprengköpfe mit einer Vernichtungskraft, die eine Million Mal so hoch ist wie die der Hiroshima-Bombe. Der größte Teil dieses Arsenals lagert in den USA und Rußland (zum Teil auch noch in der Ukraine, in Weißrußland und in Kasachstan), in Frankreich, Großbritannien und in China. Doch in den siebziger und achtziger Jahren sind weitere Staaten offiziell oder inoffiziell in den Club der Atommächte eingetreten – und sie zähmt jetzt nicht mehr die strategische Räson des Ost-West-Konflikts.

Israel, Indien und Pakistan sind nach Erkenntnissen des Stockholmer Instituts für Friedensforschung (SIPRI) vermutlich in der Lage,

142 *Das militärische Ungemach*

DIE VERBREITUNG

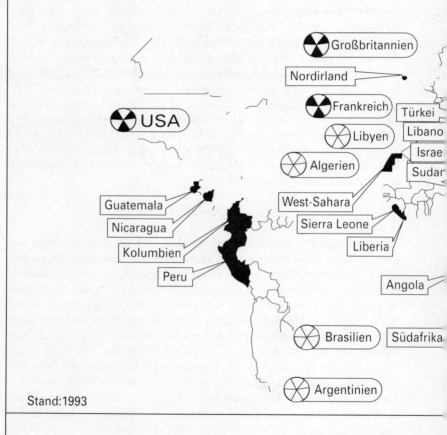

Stand: 1993

keine Kriege

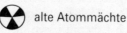 alte Atommächte

 Länder, die vermutlich Atomwaffen besitzen

Die Verbreitung des Schreckens 143

DES SCHRECKENS

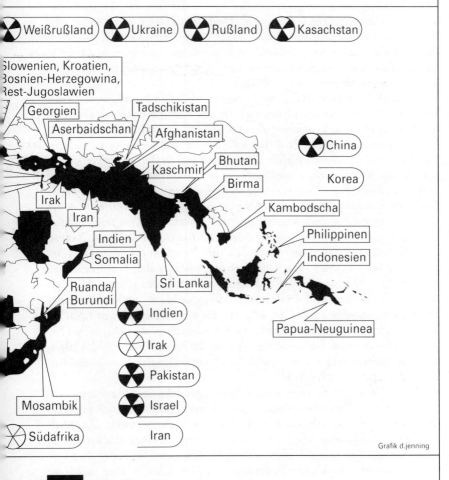

Konfliktzonen

Länder, die Atomwaffen entwickeln

Länder, die Atomwaffen anstreben bzw. erwerben wollen

Grafik d.jenning

zusammengerechnet mehr als 120 Atomwaffen herstellen zu können. Ohne den Golfkrieg wäre der Irak inzwischen wohl imstande gewesen, eine Atombombe zu bauen. Iran und Nordkorea, gab SIPRI Anfang März 1993 bekannt, stünden an der Spitze der Staaten, die nach nuklearen Waffensystemen strebten. Und Nordkorea schockierte die Welt, als die Regierung wenige Tage später den Austritt aus dem Atomwaffensperrvertrag verkündete. Amerikanische Experten halten es für möglich, daß Nordkorea mindestens einen Sprengkopf, wenn nicht sogar mehrere kleinere bauen könnte.

Danach häuften sich die Meldungen: Malaysia kündigte den Aufbau einer eigenen Atomindustrie an, für die Fachleute aus der ehemaligen Sowjetunion angeworben werden sollten – ausschließlich zu friedlichen Zwecken, wie die Atombehörde des Landes versicherte. Südafrikas Präsident de Klerk enthüllte, daß sein Land in den achtziger Jahren über sechs Atombomben verfügte. Sie wurden inzwischen aber wohl wieder demontiert. Brasiliens früherer Marineminister Maximiano da Silva Fonseca gestand im Juli 1993 ein, daß das Land zehn Jahre zuvor kurz vor ersten Atomwaffentests gestanden war. Das Programm scheiterte dann aber an der Finanznot der brasilianischen Militärdiktatur. SIPRI bestätigte, daß außer Südafrika und Brasilien offenbar auch Argentinien und Taiwan vom Vorhaben abgerückt seien, Nuklearwaffen herzustellen. Und in die Aufregung über Nordkorea platzte die Meldung, daß Indien und Pakistan 1990 tatsächlich am Rande eines Atomkriegs standen. Das CIA schätzte die Krise, die sich am Konflikt über Kaschmir entzündet hatte, nach Recherchen des Magazins *The New Yorker* als „weit bedrohlicher" ein als die Kuba-Krise 1962. Offenbar nur aufgrund der amerikanischen Vermittlungen wurde die nukleare Eskalation verhindert.

Wie schwierig etwa in Asien ein Gleichgewicht des Schreckens auszutarieren ist, zeigen die Erklärungen Pakistans, das natürlich genauso wie Indien den amerikanischen Bericht sofort dementierte. Zugleich gaben die Pakistaner aber zu verstehen, daß sie ihre Atomrüstung aufgeben würden, wenn Indien seinerseits dies täte. Die Inder aber verweisen auf die nukleare Bedrohung durch China. Die nukleare Schreckensspirale erhält in der Dritten Welt immer kompliziertere Windungen.

Chemiewaffen

Sie werden zynisch die Atombombe des kleinen Mannes genannt. Der Irak beispielsweise verfügt über sie – und hat rücksichtslos davon Gebrauch gemacht: im Krieg mit Iran gegen die jugendlichen Gotteskrieger des Ajatollah, später gegen die Kurden. In Bagdad sitzt aber nicht die einzige Regierung in der Dritten Welt, die über Chemiewaffen verfügt. Und das trotz der internationalen Chemiewaffen-Konvention, die im Januar 1993 von 125 Staaten unterzeichnet wurde und die nicht nur den Einsatz, sondern auch die Herstellung und den Besitz, die Lagerung und Weitergabe dieser Kampfstoffe untersagt. Der Irak gehörte nicht zu den Unterzeichnern, ebensowenig Libyen, Syrien, Nordkorea und Vietnam. Aber auch von Staaten, die den Vertrag unterzeichneten, wird vermutet, daß sie über C-Waffen verfügen – Israel, Pakistan oder Indien beispielsweise. Auch hier zeigt sich die fatale Wirkung des Wettrüstens selbst auf geringem Niveau. Denn solange der Irak über die Fähigkeit zum Massenmord verfügt, wird Erzfeind Syrien auf die Option der Chemiewaffen nicht verzichten – und Israel schon zweimal nicht. Bei Indien und Pakistan ist der Fall nicht anders gelagert.

Schwierigkeiten, sich die Bestandteile der Massenvernichtungswaffen im Ausland zu beschaffen, haben die mitunter kriminellen Regimes offenbar nicht. Obwohl im Imhausen-Prozeß um den Aufbau einer Giftgasfabrik im libyschen Rabta teilweise drastische Strafen verhängt wurden, scheuen sich deutsche Unternehmer nicht, weiterhin zwielichtige Geschäfte mit dem notorisch schlecht beleumundeten Land in Nordafrika zu machen, wie die *Frankfurter Allgemeine Zeitung* im März 1993 dokumentierte. Und nach Recherchen des *Stern* arbeiten für das iranische Aufrüstungsprogramm mehr als 600 Waffenhändler und Agenten in Deutschland, Österreich und der Schweiz. Weltweit unterhalte der islamische Gottesstaat 200 Tarnfirmen, um sich die Fähigkeit zum Massenmord zu besorgen.

Raketen

Von SDI, dem Krieg der Sterne, ist nicht mehr viel übriggeblieben. Nach der Implosion des Ostblocks war dieses gewaltige Raketenabwehrsystem nicht nur zu teuer, sondern auch überflüssig. Nur etwas führt noch ein zähes Nachleben, dessen Kürzel GPALS für *Global Protection Against Limited Strikes* steht, weltweiter Schutz vor begrenzten

Schlägen, also eine Miniatur-Ausgabe des SDI-Programms. Die USA rüsten sich nicht mehr für den großen Atomkrieg, wohl aber für kleinere Raketenangriffe. Und die werden nicht mehr so sehr vom Gebiet der ehemaligen Sowjetunion erwartet – ein Raketenstart dort würde wohl eher als Versehen gewertet –, sondern aus der Dritten Welt.

Bereits 1990 warnte das CIA, daß gegen Ende des Jahrzehnts 14 Entwicklungsländer in der Lage sein werden, eigene weitreichende Raketen zu bauen. Schon heute gehören Ägypten, Argentinien, Brasilien, China, Indien, der Irak, Iran, Israel, Nordkorea, Pakistan, und wohl auch Indonesien dazu. Die Technologie für Argentiniens Rakete mit dem bezeichnenden Namen Condor beispielsweise wurde aus Österreich und Deutschland geliefert. Und von Argentinien wanderte das Raketenwissen dann in den Irak. Auch Frankreich war mit der Weitergabe von Hardware und Wissen in der Raketentechnik nie kleinlich. „Hersteller aus der Dritten Welt", schreibt Michael Brzoska, ein anerkannter Experte für die Rüstung der Entwicklungsländer, in bezug auf die komplizierten Steuerungssysteme der Raketen, „sind hier in jedem Fall auf ausländische Hilfe angewiesen." Und sie bekommen sie – trotz aller Versuche, die Weitergabe der militärisch verwendbaren High-Tech zu unterbinden. So führten Geheimdienstberichte über chinesische Lieferungen von Raketenkomponenten nach Pakistan im Sommer 1993 zu einer ernsthaften diplomatischen Verstimmung zwischen Washington und Peking. Pakistan soll nach diesen Lieferungen, so berichtete die *New York Times,* in der Lage sein, eine Rakete zu bauen, die sogar mit Atomsprengköpfen ausgerüstet werden könnte.

Eigenständig können einige Länder schon länger eine andere Waffe zusammenbauen, die von Militärexperten als mindestens genauso gefährlich eingestuft wird wie ballistische Raketen: niedrigfliegende Marschflugkörper. Nach Einschätzung des amerikanischen Verteidigungsministeriums arbeiten vor allem China, Iran und Syrien an verbesserten Versionen ihrer Marschflugkörper, China soll sowohl an den Irak als an Iran die berühmten Seidenraupen-Cruise Missiles verkauft haben – ein Exportschlager der Chinesen. Übrigens: GPALS kann gegen diese Tieffflieger nichts ausrichten.

Minen

Sie werden allgemein nicht als Bedrohung für den Weltfrieden angesehen – wie die anderen hier aufgezählten Waffen. Doch sie terrorisieren die Menschen in der Dritten Welt in ungeheurem Ausmaß. Denn Minen sind billig und in Massen erhältlich: Weltweit werden 150 verschiedene Modelle allein von Tellerminen angeboten. Nach Schätzungen des Internationalen Komitees vom Roten Kreuz waren Ende 1992 in 35 Ländern rund 200 Millionen Landminen gelegt. Jeden Monat, so die Schätzungen, sterben 800 Menschen durch Minen, Tausende werden verstümmelt. Der miese Zweck der Billigwaffe: Terror. Denn getroffen wird vor allem die Zivilbevölkerung, die durch die Minen etwa davon abgehalten werden soll, die Äcker zu bewirtschaften, ihr Vieh auf Weiden zu treiben – so in Kambodscha, in Angola oder Afghanistan. Dort sollen etwa zehn Millionen Minen vergraben sein, etwa jedes vierte Minenopfer ist ein Kind. Nach UNO-Berechnungen dürfte es, gemessen am bisherigen Tempo der Räumarbeiten, 4300 Jahre dauern, ehe alle Minen beseitigt sind.

4. Die Riesenkosten der Rüstung

Costa Rica ist gewiß keine Insel der Seligen. Aber es hat einen ganz gewaltigen Vorteil gegenüber den Ländern der Umgebung. Es hat keine Soldaten, und lebt seit fast einem halben Jahrhundert in Frieden, während es in allen Nachbarländern kriegerische Auseinandersetzungen gab, sei es nun in Guatemala oder Honduras, El Salvador, Nicaragua oder Panama. Und, für die langfristige Entwicklung noch viel bedeutender, das Land kann deshalb mehr für die Bildung und Gesundheit seiner Bürger tun: 4,6 Prozent seines Bruttosozialprodukts gab es 1990 fürs Erziehungswesen aus, und bereits 1960 war es derselbe Satz. Ganz anders sieht es bei den Nachbarn aus: Nicaragua gibt 2,5 Prozent aus (1960 nur 1,5 Prozent), El Salvador 1,8 Prozent (1960 noch 2,3 Prozent), Honduras inzwischen zwar auch 4,6 Prozent, 1960 waren es aber erst 2,2 Prozent. Ähnlich sieht es im Gesundheitswesen aus: Costa Rica investierte 5,6 Prozent des Sozialprodukts, Guatemala beispielsweise nur 1,1 Prozent.

Die Aufwendungen für Rüstung binden nicht nur Geld, sondern auch Man-Power und menschliche Ressourcen. So stellte das renommierte Washingtoner Worldwatch Institute fest, daß weltweit mindestens ein Viertel aller Wissenschaftler an militärischen Projekten arbeitet. Für die Forschung im Rüstungsbereich wurden in der Mitte der achtziger Jahre nach Einschätzung des Instituts 100 Milliarden Dollar ausgegeben – auch wenn man inzwischen das SDI-Projekt abziehen kann, kommt noch immer eine erkleckliche Summe zusammen. In jedem Fall binden militärische Forschungsaufgaben mehr Geld als zusammengerechnet die öffentlichen Aufträge zur Entwicklung alternativer Energiequellen, zur Gesundheitsforschung, zur Steigerung der landwirtschaftlichen Produktivität und zur Umweltforschung.

Wenn das Geld knapp wird, kürzen die Regierungen lieber woanders, ehe sie den Militärs die Mittel zusammenstreichen: Sie geben weniger für soziale Dienste aus, sie lassen die Wirtschaftsförderung schleifen, sie machen Schulden. Anstatt in die Zukunft zu investieren, finanzieren sie den Rüstungswahnsinn auf Kosten der Zukunft. In einer Studie kam der Weltwährungsfonds zum Ergebnis, daß sich dieser Mechanismus gerade in den Entwicklungsländern mit ihren großen sozialen und wirtschaftlichen Problemen fatal auswirkt. Das Carter-Zentrum hat eine Rechnung aufgemacht, die jedem Nicht-Militär eigentlich einleuchten müßte: Selbst wenn von der einen Billion Dollar, die jährlich weltweit in die Rüstung gesteckt wird, nur ein Viertel für Gesundheit, Soziales und Umweltschutz abgezweigt würden, könnten die dringlichsten Probleme der Menschheit gelöst werden – und die Soldaten dieser Welt hätten noch immer 750 000 000 000 Dollar zum Verpulvern. Costa Rica ist aber nun einmal nicht überall.

5. Teil:
Das ideologische Unbehagen

1. Die neuen alten Lehren

Khamel Sharif ist ein weiser alter Mann. „Der Islam", sagt er, „ist nicht einfach nur eine Religion, er ist eine Einstellung zum Leben." Jeder Moslem suche nach Identität, nach seiner islamischen Identität. Und in Jordanien, fährt der alte Herr fort, hat man das offenbar schon lange verstanden und deshalb die islamischen Aktivisten gewähren lassen. Khamel Sharif ist Herausgeber der Zeitung Ad-Dustur *(Verfassung), und sein Wort hat Gewicht in Jordanien, dem Land, das als das westlichste aller arabischen Staaten gilt. Von Khamel Sharif heißt es, er habe das Ohr des Königs. Jedenfalls war er schon vor einem Vierteljahrhundert jordanischer Botschafter in Bonn, später in Paris und in Tokio; eine Zeitlang diente er Hussein als Religionsminister. Schließlich hat ihn sein König in den Senat entsandt, der zweiten, beratenden Kammer des jordanischen Parlaments. Von Khamel Sharif heißt es übrigens auch, er sei selbst einer jener Aktivisten, die sich für die Sache des Herrn verschworen haben, dem selbst ein König Tribut zollen muß: Khamel Sharif soll Moslembruder sein, ein Kämpfer Allahs. Doch darüber spricht er nicht. Denn, wer Mitglied der Bruderschaft ist, verrät die Organisation nicht gerne. „Wir möchten unsere Mitbrüder nicht der Öffentlichkeit preisgeben", sagt Azzam Tamimi in der jordanischen Zentrale der Bruderschaft in Amman. Zu bitter sei die Erfahrung der Verfolgungen gewesen, denen die Bruderschaft seit mehr als einem halben Jahrhundert in der arabischen Welt ausgesetzt seien. Ihr Ziel, das ihre Stammväter 1928 in Ägypten beschworen, ist die Errichtung eines islamischen Gottesstaats, der dereinst die ganze arabische Region umfassen soll. Die weltlichen Machthaber haben die Aktivitäten der Moslembrüder deshalb stets als Bedrohung ihres Regimes unnachgiebig verfolgt. Nur in Jordanien konnten sie schon früh ihre Deckung verlassen. Als 1957 nach einem versuchten Staatsstreich der Linken alle Parteien verboten wurden, durften die Moslembrüder als einzige weiterarbeiten. Es heißt, das habe damals Khamel Sharif mit dem König ausgehandelt. Doch auch darüber spricht er nicht. Besuch bei Yousef Khasawneh, einer*

In der islamischen Welt herrscht eine eifernde Aufbruchstimmung wie nie zuvor in diesem Jahrhundert: Straßenszene in Algier.

jener Moslembrüder, deren Zugehörigkeit zur Organisation unstrittig ist: Yousef Khasawneh ist Abgeordneter der Partei der Moslembrüder in Jordaniens Parlament. An der Wand hinter dem Schreibtisch seiner Arztpraxis im Jabel El-Hussein, einem palästinensischen Stadtteil Ammans, hängt das Diplom der Royal Society of Surgeons von Edinburgh – die meisten Männer in Führungspositionen der jordanischen Moslembrüder sind an Universitäten in den USA oder in Europa ausgebildet worden. Nein, bestimmt nicht, so sagt Khasawneh, sie wollten sich dem „modernen Leben" nicht verschließen, wohl aber die teuflischen Auswüchse des westlichen Lebensstils von der islamischen Gesellschaft fernhalten. Fast hat man das Gefühl, der Chirurg verbrenne sich den Mund, als er die Übel beim Namen nennen muß: Alkoholismus, Homosexualität und Aids dürften in die islamische Welt nicht weiter eindringen. „Wir wollen, daß die Familie, das Land und der Geist sauber bleiben." Die Scharia, das islamische Gesetz, reiche als Richtschnur für das Leben völlig aus. Alle Gesetze Jordaniens müßten daran ausgerichtet werden. Treffen mit Abdel-Karim Kabariti, auch er ein wichtiger Mann in Jordanien, egal, ob er nun – wie bei unserem ersten Treffen – als einfacher Abgeordneter oder später als Minister seinem König dient. Und das tut er am besten, so gibt der Sproß einer alteingesessenen Familie aus dem Süden des Landes zu verstehen, wenn er den Islamisten Paroli bietet. „Die Moslembrüder wollen die junge Demokratie in unserem Land nur benutzen. Ihr Ziel ist der Staatsstreich. Und den bereiten sie ständig vor." Abdel-Karim hält die Repräsentanten der Moslembruderschaft, die öffentlich auftreten, nur für Strohmänner. Sie seien die verbindlichen Vertreter des „jordanischen Flügels" der Gemeinschaft, von der eigentlichen Führung nur nach vorne geschickt. Tatsächlich aber habe in den Leitungsgremien der Bewegung – dem „Rat der Scharia-Weisen" und dem Führungsausschuß – der militantere „palästinensische Flügel" an Einfluß gewonnen, der „keinerlei Loyalität" mehr gegenüber dem König und Jordanien kenne. Und entgegen allen Beteuerungen, so gibt Abdel-Karim dem Besucher noch auf den Weg, sei er sich sicher, daß die Brüder auch in Jordanien über eine geheime Kommandostruktur organisiert seien. Azzam Tamimi im Büro der Bruderschaft ist es offensichtlich gewohnt, ohne sichtbare Emotionen auf solche Verschwörungstheorien zu reagieren: „Wir sind offen, und unsere Ziele sind bekannt", sagt der junge Parteimanager, wie Yousef Khasawneh in Großbritannien ausgebildet. „Ob Jordanien von einem König regiert wird oder nicht, ist für unsere Bewegung kein Problem. Zu Loyalität sind wir einzig gegenüber Gott und Gottes Religion, dem Islam, verpflichtet." In ihrem Wappen führt die Moslembruderschaft übrigens zwei gekreuzte Säbel und den Koran; darunter ist der Beginn einer Sure geschrieben: „Und bereitet Euch vor." Der Prophet spricht vom Dschihad, vom Heiligen Krieg.

Der Untergang der Dritten Welt – die Formel war rasch geprägt nach dem Ende jener Welt, die als sozialistisch und lange als Alternative zum kapitalistischen System galt, eben als Zweite Welt. Denn die Idee der Dritten Welt war doch erst aus dem Konflikt zwischen Ost und West entstanden. Wenn sich dieser Gegensatz erledigt hat, was bleibt da noch vom dritten Bezugspunkt übrig? Tiers Monde – Dritte Welt, das war ein abgrenzender Begriff, Inbegriff der unterentwickelten Welt, aber zugleich auch verbindende Formel für die Gemeinschaft der Staaten, die einen Weg zwischen den Blöcken einschlagen wollten. Ein Dritter Weg, der vielfach den Ideen der Zweiten Welt näher stand als denen der Ersten, der vor allem aber eine Funktion hatte: Er sollte eine Einheit stiften, den zumeist gerade unabhängigen Ländern eine gemeinsame Identität geben. Bald wurde klar, daß dieser Weg als Sackgasse endet. An der Wegkreuzung blieb nur die Wahl zwischen den großen Richtungen, und wer besonders geschickt war, der schlug mal den einen, mal den anderen Weg ein. Alle Wunschvorstellungen von der Süd-Süd-Kooperation, von der großen Allianz der Entwicklungsländer, die Idee, sich auf gleicher Distanz zu den Blöcken halten zu können, scheiterten am Raster des Gegensatzes von Ost und West. Und als es den schließlich nicht mehr gab, war die Idee der Dritten Welt schon längst an der Realität gescheitert.

Doch unversehens hat aus dem Ost-West-Gegensatz ein Streitpunkt überlebt, der sich mit der stillen Implosion der Zweiten Welt erledigt zu haben schien: An den Menschenrechten hat sich ein neuer Süd-Nord-Konflikt entzündet. Weil die nun einmal zuerst in Nordamerika und in Europa formuliert wurden, werden sie in vielen Entwicklungsländern als Kopfgeburt der einstigen Kolonialherren und als Fortsetzung des Imperialismus mit ideologischen Mitteln verteufelt. Zwar kann man wohl nicht von einer Einheitsfront des Südens sprechen, aber nicht die unbedeutendsten Länder der Dritten Welt hatten sich 1993 auf der Weltmenschenrechtskonferenz in Wien zusammengetan, um an drei Abschnitten zum Generalangriff auf die Menschenrechte zu blasen.

Die universelle Gültigkeit: Islamische Staaten und die Wirtschaftsboom-Länder in Ostasien versuchen gemeinsam, dieses Prinzip zu knacken, das im kalten Krieg eine der erfolgreichsten Trumpfkarten des Westens war. Selbst zu hartleibigsten Breschnew-Zeiten mußte Moskau Zugeständnisse machen, weil zumindest offiziell an der Verbindlichkeit der Menschenrechte niemand zweifelte. Soweit wollen es Islamisten und Wirtschaftsautokraten in der Dritten Welt gar nicht mehr kommen lassen: Die Rechte des einzelnen müßten vielmehr vor dem religiösen, kulturellen und geschichtlichen Hintergrund des jeweiligen Landes gesehen werden, seien nicht zuletzt von dessen Entwicklungsstand abhängig. Nach dieser verqueren Logik schmerzt Folter beispielsweise in Birma weniger, weil landesüblich, und könnte – was natürlich niemand ernsthaft erwägt – die Witwenverbrennung in Indien wieder eingeführt werden, weil das schließlich doch einmal geschichtler Brauch in Teilen des Landes war. Die Überwindung von Armut und Unterentwicklung, so argumentiert etwa Indonesiens Staatspräsident Suharto, gehe vor politische Freiheiten. Deren Schutz sei schlicht vom Lebensstandard abhängig. Dabei hatten gerade die Freiheitsbewegungen in der Dritten Welt beim Kampf gegen die verhaßten Kolonialherren die Menschenrechte gegen die Besatzer aus dem Norden ins Feld geführt – und damit die Gültigkeit dieser Prinzipien auch im Süden anerkannt. Zu Recht sind die Indonesier noch heute sehr stolz auf den langen und verlustreichen Kampf, mit dem sie nach dem Zweiten Weltkrieg das Joch der als Kolonialherren zurückgekehrten Holländer abschüttelten.

Das Recht auf Entwicklung: Längst sind zu den politischen und bürgerlichen Freiheitsprinzipien auch wirtschaftliche und soziale Anrechte getreten. Und da ist es natürlich keine Frage, daß zumindest den weit mehr als eine Milliarde Menschen, die in der Dritten Welt als absolut arm gelten, dieses Grundrecht auf eine halbwegs würdige Existenz Tag für Tag genommen wird. Die Entwicklungsbehörde der Vereinten Nationen (UNDP) spricht in ihrem Bericht für 1993 sogar davon, daß nur zehn Prozent der Menschheit ihre von der UNO formulierten politischen und wirtschaftlich-sozialen Grundrechte auch wahrnehmen können. Obwohl das UNDP die Regierungen der Entwicklungsländer nicht aus ihrer Verantwortung entläßt, werden natürlich diejenigen, die im globalen Maßstab am meisten haben, nämlich die Industriestaaten in besondere Verantwortung gegenüber den Elenden dieser Welt genommen. Doch vor allem die wirtschaftlich erfolgreichen Schwellenländer wie beispielsweise Malaysia oder auch Indonesien wollen dieses Menschenrecht einseitig als Bringschuld des Nordens instrumentalisieren.

Die internationale Kontrolle: Dieses Prinzip globaler Politik ist besonders umstritten, seitdem es von der handfesten Drohung der Intervention begleitet wird – wie am Persischen Golf 1991 oder am Horn von Afrika 1992 geschehen. Neben Staaten in Asien sträuben sich lateinamerikanische Länder, traumatisiert von den Jahrzehnten amerikanischer Interventionen, gegen das Recht auf Einmischung in innere Angelegenheiten – ein Argument, nur allzu bekannt aus den heißen Tagen des kalten Kriegs.

Der ideologische Gegensatz zwischen Nord und Süd ist also sehr real geblieben, und aus den Trümmern des einstigen Dritte-Welt-Überbaus ragen schon eine ganze Weile neue Strukturen heraus, deren Tragfähigkeit ungleich größer sein könnte als die Idee des Dritten Wegs. Denn sie werden nicht mehr in solchen Dimensionen gezimmert, der halben Welt Zuflucht zu gewähren, sondern nur noch einzelnen, wenn auch nicht unbedeutenden Regionen. Vor allem aber ruhen sie auf wesentlich älteren und stabileren Fundamenten als die Wunschvorstellung einer Einheitsfront der Habenichtse: die einer gemeinsamen kulturellen und religiösen Tradition. Die Vorkämpfer eines kulturellen Fundamentalismus haben die Dritte-Welt-Ideologen alter Schule abgelöst. Nur noch eins haben sie mit den alten Kämpen – und miteinander – gemeinsam: Einheitsstiftend ist das Feindbild des dominanten Nordens. Dessen Normen stellen die neuen Ideologen des Südens in Frage, seien es nun die Islamisten, die Hindu-Fundamentalisten oder die Apologeten der ostasiatischen Renaissance. An die Stelle des Ost-West-Gegensatzes ist fast nahtlos ein neuer ideologischer Süd-Nord-Konflikt getreten. Und noch viel zu leise sind – auf beiden Seiten – die Stimmen der Mahner und Warner. So schrieb Anwar Ibrahim, der nachdenkliche Finanzminister Malaysias, im Februar 1993 in der *New York Times*: „Religiöser Fundamentalismus ist potentiell mindestens ebenso eine Gefahr für den Weltfrieden und die Stabilität, wie es der Kommunismus war – wenn nicht noch mehr, weil er Gefühle und Traditionen anspricht, die eine viel längere Geschichte haben als der Marxismus-Leninismus."

156 Das ideologische Unbehagen

DIE ISLAM

Grafik d.jenning

Anteil der Muslime an der Bevölkerung

- weniger als 10 %
- 10 bis 50 %
- 50 bis 90 %
- über 90 %

Die neuen alten Lehren 157

CHE WELT

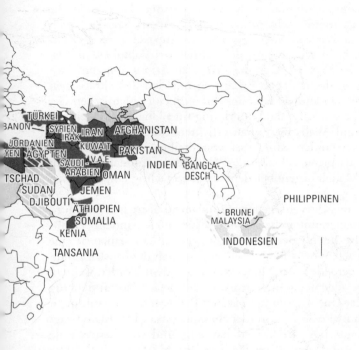

 Gebiete in denen Religionskonflikte ausgetragen werden

2. Fundamentalismus I: „Islam ist die Lösung"

Am Senegalfluß oder am Nil, in der Kasbah von Algier oder in den Straßen der Millionen-Metropolen Lagos und Daressalam, in Marokko oder Malaysia, in Pakistan oder auch in Indien: Die Islamisten sind überall aktiv – und erfolgreich. Diese Renaissance des Islam ist nicht über Nacht gekommen, schon seit Mitte der siebziger Jahre findet die Re-Islamisierung immer mehr Anhänger. „Sie erfaßte Massen, deren Orientierungslosigkeit von einer pervertierten Anpassung an die politische Moderne noch verstärkt wurde", schrieb der Politologe und Islam-Kenner Gilles Kepel 1992 in der *Zeit*. „Zur Armut und zum Ausgestoßensein kam die fehlende Erfahrung mit den demokratischen Freiheiten. In diesem Umfeld fand der Ruf nach einer islamischen Gesellschaft Gehör: Sie sollte die Unordnung und Ungerechtigkeit der Welt beenden und Allahs Herrschaft errichten, die als Ordnung und Gerechtigkeit verstanden wird, aber von Freiheit und Demokratie nichts weiß." Jetzt bietet sich aber das Weltbild der Fundamentalisten als einigendes Modell gegenüber dem als übermächtig empfundenen Norden an.

Wie auch immer die verschiedenen fundamentalistischen Strömungen sich im einzelnen unterscheiden und sogar untereinander bekämpfen mögen, so ist ihnen jedoch ein Gegner gemeinsam, haben sie eine identische politische Vorstellung: Die Gemeinschaft der Moslems muß sich gegen den verderblichen Modernismus aus dem Norden wehren. Und die einzige allgemeingültige Antwort auf dessen Kulturkreuzzug ist der Islam, der eine Trennung zwischen Religion und Politik nicht zuläßt: Der islamische Staat ist immer ein Gottesstaat. Der Islam bietet eine allumfassende politische, wirtschaftliche und vor allem soziale Ordnung an, die einfach und verständlich ist: „Al Islam al hall – Der Islam ist die Lösung", lautet denn auch die Losung der Moslembruderschaft, die besonders in den arabischen Ländern sehr erfolgreich ist. Erfolgreich vor allem bei zwei Gruppen: den Armen in den Städten und der großen Zahl frustrierter Akademiker, die zwar zu einer Ausbildung, nicht jedoch zu versprochenem Wohlstand gekommen sind. Und die Zahl der Unzufriedenen wird mit jedem geburtenstarken Jahrgang immer größer.

Westliche „Dekadenz" und die wirtschaftliche Ausbeutung durch die Industrieländer werden – neben der Unfähigkeit der un-islamischen Regierungen – für das soziale Elend verantwortlich gemacht.

Und in der typischen Dialektik der Ideologen wird der Feind, auf den sich alle Aggressionen richten sollen, zum eigentlichen Aggressor gemacht. Der libysche Staatschef Muhamar Khadafi kennt Rhetorik und Weltsicht der Islamisten (die er aber auch – je nach Bedarf – als Satansbrut verdammt) und benutzt deren Feindbild: „Als die Schlacht des Westens mit dem Kommunismus zu Ende ging, wandten sich die westlichen Staaten dem Islam zu", ließ sich Khadafi im führenden Blatt der Fundamentalisten in Ägypten zitieren, wie Bassam Tibi in der *FAZ* im Juni 1992 berichtete.

Ob es der Norden will oder nicht: Längst tobt ein neuer ideologischer Kampf zwischen Nord und Süd, zwischen christlich und islamisch geprägter Welt, dem er sich kaum wird entziehen können. Vielleicht ist es ja nur die Aufgeregtheit einiger Kirchenmänner, wenn es auf einer Afrika-Sondersynode im Vatikan im Februar 1993 heißt, der Dialog zwischen Katholiken und Muslimen in Afrika werde „immer schwieriger". Und vielleicht ist es ja weit überzogen, wenn der *Spiegel* im Frühjahr 1992 schreibt, daß Saudi-Arabien jährlich fünf Milliarden Dollar und Iran immerhin noch 1,2 Milliarden pro Jahr für die Stärkung des rechten Glaubens im Ausland aufwenden. Nur eins ist nicht zu bestreiten: In der islamischen Welt herrscht eine eifernde Aufbruchsstimmung wie nie zuvor in diesem Jahrhundert.

Islamisierung von unten

Die Fundamentalisten sind zwar Eiferer im Glauben, doch Realisten im täglichen Leben. Sie locken die Massen nicht nur mit der Aussicht auf das Paradies im Jenseits, sondern bieten konkrete Hilfe für den schwierigen Alltag in dieser Welt. Lebensmittelspenden und Geldzuweisungen, Schulen und Krankenstationen – ein ganzes soziales Netz im kleinen haben beispielsweise die „Islamischen Gesellschaften" in Ägypten oder die „Islamische Heilsfront" in Algerien gespannt – ein soziales Netz, das im Gegensatz zum staatlichen auch funktioniert. „Das schätzen jene, die jeden Halt verloren haben und sich nicht mehr zu den Werten bekennen können, die in ihrer Gesellschaft herrschen", schreibt Gilles Kepel. Wie erfolgreich die Strategie der Islamisten ist, haben die Parlamentswahlen 1989 in Jordanien und die Kommunalwahlen in Algerien 1990 bewiesen, bei denen die Fundamentalisten-Parteien große Stimmengewinne einheimsen konnten. Und erst nach einer beispiellosen Welle des Terrors im Herbst und Winter 1992/93 versuchte die Regierung in Ägypten die Prediger des Islamismus mit den eigenen Waffen zu schlagen: Mit einer Veranstaltungsreihe zum „Wesen des Islam" sollte das Verkündungsmonopol der Prediger gerade in ärmeren Vierteln der großen Städte und auf dem Land gebrochen werden.

Export des Terrors

Im März 1993 brach Algeriens Hoher Staatsrat die diplomatischen Beziehungen zum Regime der Mullahs in Iran ab. An sich ein nicht ganz ungewöhnlicher Vorgang in der arabischen Welt, die politisch alles andere als geeint ist und wo der Abzug der Botschafter quasi zum politischen Geschäft gehört. Nur ging diesmal die Begründung über das übliche Maß hinaus: Algier warf Teheran vor, nicht nur unfreundliche Akte gegenüber dem nordafrikanischen Staat geduldet oder gar gefördert zu haben, sondern „die gesamte islamische Welt destabilisieren" zu wollen. Mit einem Wort: der Export des Gottesstaates mit Mitteln des Terrors. Und tatsächlich sind im ersten Jahr seit dem Putsch von oben in Algerien, mit dem im Januar 1992 ein Wahlsieg der Fundamentalisten verhindert werden sollte, bei Anschlägen und Razzien mehr als 600 Menschen ums Leben gekommen. In Ägypten ließen die gezielten Anschläge auf Ausländer im Jahre 1992 den Tourismus einbrechen – und damit eine Haupteinnahmequelle des Landes erheblich spärlicher fließen. Extremisten kündigten an, Kairo „in eine Arena des Heiligen Kriegs" zu verwandeln. Mehr als 40 000 Fundamentalisten, so die Schätzungen von Menschenrechtlern, saßen 1992 in Gefängnissen oder in Konzentrationslagern in Algerien, Tunesien oder Ägypten. Die Extremistengruppen wie Dschihad (Heiliger Krieg) oder Dschamaa el Islamia (Islamische Vereinigung) mögen das Geld für ihre Waffen aus dem Ausland bekommen – und in der arabischen Welt ist man aufgeschlossen für Verschwörungstheorien –, nur lenken die Vorwürfe von einem fundamentalen Vorteil der Fundamentalisten ab: Sie profitieren nicht so sehr von der Durchsetzungskraft ihres Terrors, sondern von miesen Lebensverhältnissen und unfähigen Regierungen, diese zu ändern.

Die Einführung des Gottesstaates mit Hilfe des Terrors: Den Islamisten in Ägypten ist jedes Mittel recht, ihre Ideen durchzusetzen.

Islamisierung von oben

Sie ist praktisch überall in der islamischen Welt zu beobachten und hat eigentlich immer nur ein Ziel: durch Zugeständnisse die Fundamentalisten ruhigzustellen und sie zugleich von der Macht fernzuhalten. Am deutlichsten war diese Tendenz Anfang der neunziger Jahre in der Türkei und in Pakistan zu beoachten. Unter der Ägide des gläubigen Muslims Turgut Özal wurde „Kemal Atatürks Erbe, der laizistische Staat, systematisch zerstört", wie der Islam-Kenner Fredy Gsteiger in der *Zeit* schrieb. Die Zahl islamischer Schulen, der Moscheen und der Einfluß der Islamisten an den Universitäten nahmen während Özals Präsidentschaft kontinuierlich zu. Und zugleich forderte Tansu Ciller, damals noch als türkische Wirtschaftsministerin, im Februar 1993 westliche Hilfe im Kampf gegen den Fundamentalismus. Obwohl es schon seit der Unabhängigkeit 1948 in Pakistan starke fundamentalistische Strömungen gab, orientierte sich das politische System, vor allem aber die Rechtsprechung des Landes stark am Erbe der britischen Kolonialherren. Im Mai 1991 aber wurde die Scharia, das islamische Recht, per Akklamation im Parlament wieder zum obersten Gesetz des Landes gemacht. Die Fundamentalisten-Partei Jamiat Ulema-e-Islam war der Sitzung ferngeblieben, weil ihr die neuen Bestimmungen nicht weit genug gingen. Dabei wurden islamische Gesetze auf fast alle Lebensbereiche angewandt: Fernsehansagerinnen tragen wieder Schleier, Banken sollen gemäß islamischen Rechts auf Zinsen verzichten, und die Beleidigung des Namens des Propheten ist wieder ein todeswürdiges Verbrechen. „Es ist schlimmer als Spanien zur Zeit der Inquisition", zitierte die *Washington Post* Dorab Patel, einen ehemaligen Richter am Obersten Gerichtshof des Landes, im Oktober 1992.

Missionierung

In Afrika hat ein Kampf der Religionen um die Seelen begonnen. Bereits im Frühjahr 1991 konstatierte der Erzbischof von Kampala, Emmanuel Wamala, die Störung eines bislang problemlosen Verhältnisses zwischen Christen und Muslims. Schuld haben, daran ließ der Oberhirte Ugandas keinen Zweifel, die islamischen Fundamentalisten. Zur selben Zeit kam es in Nigeria zu religiösen Unruhen, die Hunderte von Toten forderten. In den Medien des Landes wurde islamischen Fundamentalisten die Schuld gegeben – obwohl auch christliche Eiferer sicher ihren Teil zum Religionsstreit beitrugen. Im Mai 1992 kam es in der kenianischen Hafenstadt Mombasa zu tagelangen Unruhen, die mehrere Todesopfer forderten, nachdem die Polizei einen muslimischen Prediger verhaftet hatte. 800 Heilige Krieger aus Iran machte die Südsudanesische Befreiungsfront im Sommer 1992 als Gegner in den Sümpfen im Süden des Riesenlandes aus. Die Kämpfer im Namen Allahs wurden in den Krieg von einem fundamentalistischen Regime in Khartum geschickt, das eindeutig das Ziel hat, „die vollständige Einheit des sudanesischen Volkes unter der Bedingung des Glaubens an Allah" durchzusetzen, wie es in der Sudan-Charta der Fundamentalisten des Landes heißt, die Bassam Tibi 1992 in der *FAZ* zitierte. Beim Papstbesuch 1993 sprach ein sudanesischer Bischof bereits von regelrechten Christenverfolgungen im ostafrikanischen Land. Und im Frühjahr 1993 wuchs in Tansania die Nervosität über die Aktivitäten der Islamisten: Ein fundamentalistischer Prediger wurde festgenommen, nachdem seine Anhänger Schweinemetzgereien in Daressalam verwüstet hatten. Ein iranisches Reisanbauprojekt in Tansania kam in Verruf, weil dort angeblich Jugendliche an Waffen ausgebildet wurden. Präsident Ali Hassan Mwinyi, ein Muslim, mußte ausdrücklich zu religiöser Toleranz aufrufen.

Islam Tropical

Auch in Südostasien spiegelt sich der weltweit wachsende islamische Druck wider, wenn auch die Gesellschaften zumeist toleranter im Umgang mit der Religion sind. So erhielt Bangladeschs damaliger Staatspräsident Ershad viel Geld für Entwicklungsprojekte und den Bau von Moscheen, nachdem er den Islam zur Staatsreligion erklärt hatte. Geldgeber: Saudi-Arabien. Auch Indonesiens Präsident Suharto zollte dem neuen islamischen Bewußtsein Tribut. Islamische Gerichte wurden für Familienangelegenheiten eingerichtet, der Schleier wurde wieder zugelassen, eine islamische Bank gegründet, und nicht zuletzt pilgerte der General 1991 erstmals nach Mekka – nach 25 Jahren an der Macht. Bedacht, die chinesisch dominierte Geschäftswelt seines Landes nicht vor den Kopf zu stoßen, betonte aber etwa der Religionsminister des Landes im März 1993, daß die Regierung keine „geheime Islamisierungskampagne" führe und das auch nicht dulden werde. Und der be-

Hinduvata, die indische Kulturnation, ist das Ziel, Zerstörung und Gewalt sind die Mittel: Die Schleifung der Moschee in Ayodhya durch Hindu-Fundamentalisten.

reits zitierte Finanzminister Malaysias, Anwar Ibrahim, sah sich offenbar veranlaßt, gegen die Vereinnahmung des Islam durch die Prediger eines Gottesstaats Stellung zu beziehen. Er sprach davon, daß „die gültige Vorstellung des Dschihad, des Heiligen Kriegs, als politischer Vorwand von autoritären und unterdrückerischen Regimen mißbraucht wird".

3. Fundamentalismus II: Wiedergeburt der Hindu Rashtra

Tausende Tote, Zehntausende zerstörter Häuser, Hunderttausende verstörter Flüchtlinge, Millionen von Menschen, zerfressen von Haß – die Bilanz eines Religionskonflikts, den das säkularisierte Indien seit den vierziger Jahren nicht mehr erlebt hat. Auslöser war der Streit um die Moschee von Ayodhya, die genau an der Stelle errichtet worden war, wo der Hindu-Gott Ram geboren sein soll. Die Moschee wurde am 6. Dezember 1992 von fanatischen Hindus gestürmt, im ganzen Land kam es zu Pogromen gegen Moslems, deren Höhepunkt die blutigen Unruhen in Bombay im Januar 1993 waren, denen allein 600 Menschen zum Opfer fielen. Die Massen waren angestachelt worden von den Führern der Bharatiya Janata Party (BJP), für die indische Muslims die „lebende Verkörperung" der Exzesse früherer islamischer Herrscher über das Land sind. „Die Unruhen", so heißt es in der *New York Times* im März 1993, „waren im wesentlichen ein anti-muslimisches Pogrom, angestiftet von Hindu-Fanatikern und ihren politischen Hintermännern."

Die Stoßrichtung des hinduistischen Fundamentalismus ist klar: Er richtet sich gegen die Moslems im Land, nach der Unabhängigkeit und Teilung des indischen Subkontinents eine große Minderheit im hinduistischen Indien: Auf 110 bis 120 Millionen wird die Zahl der Muslims geschätzt, auf gut 730 Millionen die der Hindus. Shiv Sena, die Armee der Göttin Shiva, ist ein militanter Ableger der Fundamentalisten, der die Hindu Rashtra, die Herrschaft der Hindus, wiederherstellen will. Die Fundamentalisten fordern entweder die Unterordnung der Muslims in einen hinduistischen Staat oder ihre Auswanderung nach Pakistan oder Bangladesch, den muslimischen Teilen des indischen Subkontinents. Denn Ziel ist schließlich „Hinduvata", die indische Kulturnation.

Doch die Wiederbelebung alter Mythen vom goldenen Hindu-Indien, schreibt der Landeskenner Erhard Haubold in der *Frankfurter Allgemeinen Zeitung*, ist „freilich nur oberflächlich eine Flucht in Religion und Fundamentalismus". Tatsächlich aber, so lautet auch die Analyse zahlreicher indischer Politologen und Historiker, steckt hinter der Hindu-Renaissance der Versuch, die traditionelle Kastengesellschaft gegen die Moderne zu verteidigen – und die ist vom Westen geprägt. Die Muslims dienen da vor allem als Sündenböcke. „Genaugenommen", so analysiert Erhard Haubold, „ist ,Ayodhya' die Manifestation eines Klassen- und Kastenkrieges, mit dem sich die seit Tausenden von Jahren privilegierten Oberkasten gegen den Wind der Veränderung zur Wehr setzen: gegen westliche Ideen von sozialer Gerechtigkeit, Gleichheit und sozialer Mobilität."

Und ähnlich wie die muslimischen Fundamentalisten sind auch die radikalen Hindus keine Maschinenstürmer: Nicht der technische Fortschritt, den der Norden befördert, wird in Frage gestellt, wohl aber seine Wertvorstellungen. Wie die Muslims suchen auch die Hindus Halt vor den beunruhigenden Auswirkungen der Moderne in der Rückkehr zur religiös geprägten Tradition. Das ungeheure Wachstum der Städte, das Millionen zu einem Leben im Elend verdammt, die grassierende Armut auf dem Lande, auf die der moderne Staat keine Antwort weiß, die unfähige Verwaltung: die Auslöser des Fundamentalismus sind dieselben, ob nun in Karatschi oder Kalkutta. Auch auf die neue Orthodoxie der Hindus wird der Norden eine Antwort finden müssen. Denn Indien dürfte noch vor der Mitte des kommenden Jahrhunderts China als die volkreichste Nation der Welt ablösen.

4. Fundamentalismus III: Wettkampf der Kulturen

Der lächelnde Minister war ausgesprochen deutlich. „Es gibt keine Gleichheit", sagte George Yong-Boon Yeo, „es gibt nur den Kampf, den Kampf zwischen den Kulturen." Der Informationsminister Singapurs sprach im Februar 1993 auf dem noblen Weltwirtschaftsforum von Davos. Dort hat Yeos klare Sprache sicher für einige Verblüffung im erlauchten Zuhörerkreis gesorgt – und doch kann die Schärfe der Formulierungen für Kenner nicht überraschend gekommen sein. Der Mann aus der Wirtschaftswunder-Stadt hat im Namen der chinesisch dominierten Boomländer Südost- und Ostasiens den Norden zum Kulturkampf gefordert. „Die sich entfaltende Renaissance Ostasiens wird alle Kulturen in der Welt herausfordern und umwandeln, ja sogar die Art und Weise verändern, wie der Mensch sich selbst betrachtet. Die westliche Dominanz der globalen Medien wird in Frage gestellt werden."

Die ganze Region, für die die Weltbank das schöne Kürzel CEA, *Chinese Economic Area* – chinesischer Wirtschaftsraum, kreiert hat, birst nahezu vor Selbstbewußtsein: Die kleinen Tiger Südkorea, Singapur, Hongkong und Taiwan haben Anschluß an die Industrieländer gefunden, ja, haben manche Länder des Nordens ökonomisch schon überholt. Malaysia, Thailand und Indonesien haben Jahrzehnte ungebrochenen Wachstums hinter sich, die im Norden ihresgleichen suchen. Und im Hintergrund befindet sich der unermeßliche Wachstumsmarkt China. Die Wirtschaftsbilanzen dieser Länder und die im Vergleich zu den traditionellen Industriestaaten enormen Steigerungsraten scheinen den Glaubenssatz westlicher Demokratien Lügen zu strafen, daß wirtschaftlicher Erfolg ohne politische Freiheit nicht zu haben ist. *Good governance*, fürsorgliche autoritäre Führung zum Wohle des Ganzen statt individueller Freiheit, ist die Losung der „gelenkten Demokratien" oder Erziehungsdiktaturen Südostasiens. *Good government*, eine gute Regierung, das ist der Anspruch, den das Volk an die Mächtigen stellen darf, denen wiederum aber die Entscheidung vorbehalten bleibt, was dem Ganzen frönt.

Ein Beispiel für das gesteigerte Selbstbewußtsein der Region war der Hinauswurf der Holländer aus Indonesien im Jahre 1992: Der niederländische Entwicklungsminister Jan Pronk hatte zu lautstark die Einhaltung der Menschenrechte in der ehemaligen Kolonie seines Landes eingeklagt. Indonesien, so die Reaktion Präsident Suhartos, werde eher auf ausländische Hilfe ganz verzichten, als auf ausländischen Druck in Sachen Demokratie und Menschenrechte zu reagieren.

Als einer der Wortführer dieser Bewegung des neuen Selbstbewußtseins gilt neben dem Premier Malaysias, Mahatir Mohamad, seit Anfang der neunziger Jahre der frühere erste Mann Singapurs, Lee Kuan Yew. Der SM, der Senior Minister Singapurs, der in der Stadtrepublik noch immer aus dem Hintergrund die Fäden zieht, gibt sich gerne als *Elder Statesman*, als weiser, alter Mann der Politik Ostasiens. Und Lee war es auch, der auf einem Menschenrechtsforum in Japan im November 1992 die grundsätzliche Kontroverse zwischen dem Norden und Ostasien artikulierte: „Alle Völker aller Länder brauchen gute Führung. Ein Land muß sich zunächst wirtschaftlich entwickeln, dann mag die Demokratie folgen." Priorität hat die ökonomische Bilanz weit vor dem politischen Freiheitsindex. Doch auch politische Freiheit ist für SM eine Definitionsfrage – und vor allem keineswegs universell gültig: „Als Asiate mit dem Hintergrund der chinesischen Kultur bin ich für eine Regierung, die ehrlich und effektiv ist, wirksam ihr Volk beschützt und allen die Chancen gibt, in einer stabilen und geordneten Gesellschaft voranzukommen, in der sie ein gutes Leben führen und ihre Kinder aufziehen können, damit die es einmal besser haben werden als sie selbst."

Lees Credo des Vorrangs wirtschaftlicher Entwicklung vor der Entwicklung menschlicher Freiheiten findet sich in den verschiedensten Variationen – mal mehr unter wirtschaftlichem Vorrang, mal begründet mit politischen Eigenheiten der Region. So warb der Indonesier Jusuf Wanandi vom Zentrum für strategische und internationale Studien in Jakarta für die Entwicklung einer eigenständigen, asiatischen „domestic civil society", einer bürgerlichen Gesellschaft eigener Prägung – aber bitte ohne die „arroganten Predigten" aus dem Norden zu diesem Thema. In der *International Herald Tribune* schrieb er im Oktober 1992: „Wir haben verschiedene Werte. Während der Westen den Rechten des einzelnen Vorrang gewährt, werden in Ostasien die Rechte der Gemeinschaft als gleich wichtig erachtet. Die Bürger haben wichtige Verpflichtungen gegenüber der Gemeinschaft und der Gesellschaft." Die Gesellschaften Südostasiens, so sein Fazit, müssen die Werte des Westens schon aufnehmen, ohne allerdings ihre eigenen aufzugeben. Doch nicht alle sind so nachdenklich wie Wanandi – und vor allem nicht die politische Führungsriege in den meisten Ländern. Für sie lautet die einfache Alternative noch immer Reis oder Freiheit.

Ob nun in solch einfach zu durchschauenden Mustern oder in den ausgefeilteren Modellen der politischen Denker der Region: Im Konzept des Wettkampfs der Kulturen steckt ein fundamentalistischer Kern. Auch der asiatische Wirtschaftsfundamentalismus ist ein Rückgriff auf die Tradition im modernen Gewand. Mit den anderen religiös motivierten fundamentalistischen Strömungen verbindet sie eine Renaissance traditioneller Werte, das Prinzip der Lenkung durch weise Führer und nicht zuletzt der Widerstand gegen die Dominanz westlicher Modelle. Allerdings gibt es einen gewaltigen Unterschied: Die Wirtschaftsfundamentalisten suchen ganz im Sinne ihrer Wachstumsstrategie aggressiv den Wettbewerb mit dem Norden. Ostasien, die CEA, befindet sich nicht in der Defensive gegenüber dem Norden, sie ist in die Offensive gegangen. Und George Yong-Boon Yeo hatte in Davos bereits die Dimensionen des Konflikts genannt: „Dieser kulturelle Wettkampf – ein neues Treffen zwischen Ost und West – wird viel Hitze entwickeln, aber auch Licht. Wir müssen daran arbeiten, die Hitze zu reduzieren und das Licht zu vermehren."

Schluß:
Das Prinzip Ratlosigkeit

Nach dem gescheiterten Prinzip Hoffnung sozialistischer Utopien, dem nicht minder ehrbaren, aber genauso wenig durchsetzbaren Prinzip Verantwortung einer globalen Ethik – bleibt da nur noch das Prinzip Ratlosigkeit angesichts einer unter Elend und Ungerechtigkeit zerbrechenden Welt?

Wo soll man auch beginnen? Fluchtursachen bekämpfen, sagen diejenigen zum Beispiel, die erkannt haben, daß man den globalen Wanderungsdruck nicht allein durch stramme Gesetze und scharfe Grenzkontrollen auffangen kann. Doch wo anfangen? Ganz praktisch könnte man zum Beispiel im Stadtteil Nasarija der oberägyptischen Stadt Assuan dabei helfen, Wasser- und Kanalrohre zu legen. Die Lebenswelt von vielleicht 50 000 Menschen könnte jedenfalls an ihren Grundlagen so gestaltet werden, daß sie nicht am liebsten sofort weg wollen. Ja, aber heißt Fluchtursachen-Bekämpfen nicht genauso, den Straßenkindern in Nairobi zu helfen? Den Sahel-Viehzüchtern in Mali? Den Bananenbauern in Ecuador? Den Kindersklaven an den Teppichknüpfrahmen von Mirzapur? Die Liste ist unvorstellbar lang – zu lang, als daß es eine zuverlässige Antwort auf die Frage gäbe, wo man den Versuch wagen könnte, die Bruchstellen in unserer Welt zu kitten. Eines zumindest wird uns nach dieser zwangsläufig unvollkommenen Aufzählung klar: Unsere Hilfe für den Süden genügt in keiner Weise der tatsächlichen Bedürftigkeit von Milliarden Menschen in den Entwicklungsländern.

Und noch ein zweites grundlegendes Manko in unserem Verhältnis zum Süden dürfte überdeutlich geworden sein: Entwicklungshilfe – selbst für ein vernünftiges Vorhaben wie etwa das Selbsthilfeprojekt in Nasarija, das von der deutschen Regierung unterstützt wird – kann auf dem überhitzten Stein nichts weiter als ein Tropfen sein, dessen kühlende Wirkung sofort verpufft. Deshalb dürfen sich die Entwicklungspolitiker des Nordens nicht länger als internationale Sozialhelfer verstehen. Aktive Entwicklungspolitik heißt, sich einmischen: in die

Wo nur zuerst helfen? Vielleicht ist das Eingeständnis der Ratlosigkeit nicht der schlechteste Beginn für eine globale Entwicklungspolitik: Kinder in San Salvador.

Umweltpolitik, in die Wirtschafts- und Handelspolitik, in Rüstungsfragen und nicht zuletzt auch in die Konkurrenz der Weltbilder.

Doch wer will schon Predigten vom *global burden sharing* hören, von einer gerechteren Lastenverteilung weltweit, wenn er genug am eigenen Paket zu tragen hat? Wer mag teilen, wenn er das Gefühl hat, selbst nicht mehr genug zu haben? Appelle an die Verantwortung des Nordens haben zwar ihre Berechtigung. Wer will bestreiten, was Yoweri Museveni, der Präsident Ugandas, bei einem Besuch in Deutschland 1991 sagte. „Europa hat eine moralische Verpflichtung, dieses Elend zu beseitigen, in dem Afrika ist, weil die Europäer zum Teil dafür verantwortlich sind." Nur sind Moral und Politik allzuoft zwei nicht miteinander zu vereinbarende Größen.

Entwicklung fängt bei uns an, ist einer der Merksätze, den die Entwicklungsbehörde der Vereinten Nation UNDP unablässig wiederholt – eine Erkenntnis, die nur den wenigsten bisher gedämmert ist.

Entwicklung, das heißt zunächst einmal, anderen die Chance auf eine eigenständige Entwicklung nicht zu nehmen. Das kann aber nur gelingen, wenn wir unseren Lebensstil ändern. Auch das eine bereits oft gehörte Weisheit aus der Formelsammlung engagierter Entwicklungspolitiker. Jeder kann, jeder sollte seinen Beitrag leisten: fair gehandelten Kaffee kaufen, Patenschaften für Straßenkinder übernehmen, oder ganz einfach weniger Auto fahren. Aber im Ganzen wird das – bei allem persönlichen Einsatz – wenig Folgen haben.

Nein, wer ernsthaft die Teile unserer zerbrochenen Welt wieder zusammenfügen will, muß unsere Politik ändern. Jedes Gesetz, jede Entscheidung sollte auf ihre Auswirkungen gegenüber der Dritten Welt untersucht werden – so, wie es eine Umweltverträglichkeitsprüfung gibt, sollte es einen entwicklungspolitischen TÜV-Test geben. Man braucht nicht viel Phantasie, sich auszumalen, daß die Asylgesetze Deutschlands oder seiner Nachbarn anders ausgefallen wären, als sie es 1992 und 1993 sind. Nicht die Entwicklungspolitik sollte den wirtschafts- oder außenpolitischen Vorgaben Rechnung tragen, sondern die Wirtschafts- und Außenpolitiker müßten entwicklungspolitische Erwägungen zum Maßstab machen. Aber natürlich ist das völlig unrealistisch.

Doch auch mit weniger Aufwand ließe sich einiges bewerkstelligen. Fair gehandelte Rohstoffe könnten steuerlich begünstigt werden. Dann wären es nicht die globalen Handelsbedingungen, die unsere Entwicklungspolitik aushebeln, vielmehr würde unsere Dritte-Welt-Politik den globalen Wirtschaftsbürokraten ein Schnippchen schlagen. Und warum bauen wir unsere Entwicklungshilfe nicht um, die zwar wenig ist, aber vielleicht nicht so wenig, als daß man sie vergeuden sollte, wie es heute oft der Fall ist? Die Mittel sind knapper geworden: Das ist aber zugleich die Chance, vom Gießkannenprinzip wegzukommen. Warum nicht neue Schwerpunkte setzen – regionale wie thematische? Eine revidierte Entwicklungspolitik müßte bekennen, daß nicht alle Länder des Nordens überall gleichzeitig helfen könnten. Sie müßten sich absprechen und kooperieren. Diese neue Politik stände dann vor der Alternative, sich entweder auf Nothilfe zu konzentrieren, dort, wo Entwicklung nicht möglich zu sein scheint, oder aber Aufbauhilfe zu leisten, die die Entwicklung auf eine breitere Basis stellt. Grundbildung und berufliche Bildung müßten massiv gefördert werden. Der Aufbau demokratischer Strukturen müßte unterstützt, der Einsatz von Umwelttechniken forciert werden.

Dann wäre Entwicklungshilfe nicht nur eine Investition in die Zukunft, sondern würde schon bald Früchte tragen: Der Norden würde nämlich das gewinnbringend exportieren, wo er noch immer einen Vorsprung im Know-how hat.

Das wäre schließlich ganz im Sinne des UNDP. Die Industrieländer müßten sich selbst entwickeln, so die Maxime der Organisation. Nur so könnten sie den anderen Ländern Perspektiven bieten: den Ländern, die sich entwickelt haben und jetzt zu ernsthaften Konkurrenten mit billigen Arbeitskräften geworden sind. Ihnen müßten die Industrieländer die arbeitsintensiven Tätigkeiten überlassen – anstatt solche Arbeit hierzulande durch Subventionen und Handelsschranken zu schützen – und selbst in Zukunftstechnologien investieren. Eine Perspektive wäre es schließlich auch für die Länder, deren Entwicklung stagniert: Der Kreis potentieller Helfer würde sich erweitern.

Vielleicht ist das Eingeständnis der Ratlosigkeit nicht der schlechteste Neubeginn für eine Politik, die sich den globalen Herausforderungen tatsächlich stellt. Das Risiko des Scheiterns ist die Menschheit jedenfalls wert.

Biographien bei Beltz Quadriga

George Balanchine
Schlaflose Nächte mit Tschaikowsky
Das Leben Balanchines im Gespräch mit Solomon Volkov.
Vorwort von M. Béjart.
Aus dem Amerik. v. H. Sommer.
220 Seiten, m. Abb., gebunden
ISBN 3-88679-220-X

Maria Biesold
Sergej Rachmaninoff
Eine Künstlerbiographie zwischen Moskau und New York
480 Seiten, 25 Abbildungen, gebunden
ISBN 3-88679-191-2

Eberhard Fechner
Die Comedian Harmonists
Sechs Lebensläufe
452 Seiten, zahlreiche Abbildungen, gebunden
ISBN 3-88679-174-2

Peter Gebhard
»Ich wollte schon immer der ganzen Welt angehören«
Lothar Simenauer – Eine deutsch-jüdische Lebensgeschichte.
104 Seiten, zahlreiche Abbildungen, gebunden
ISBN 3-88679-222-6

Lawrence Grobel
Gespräche mit Marlon Brando
Aus dem Amerik. von Brigitte Jakobeit.
188 Seiten, 17 Abbildungen, Broschur
ISBN 3-88679-214-5

Raimund Hoghe
Zeitporträts
233 Seiten, zahlreiche Photos, gebunden
ISBN 3-88679-212-9

Ulrich Liebe
verehrt, verfolgt, vergessen
Schauspieler als Naziopfer.
278 Seiten, ca. 150 Abbildungen, gebunden
ISBN 3-88679-197-1

Vanessa Redgrave
Autobiographie
Aus dem Engl. von Heide Sommer und R. Range Cloyd.
455 Seiten, 96 Abbildungen, gebunden
ISBN 3-88679-200-5

Agnes Sassoon
Überlebt. Als Kind in deutschen Konzentrationslagern
Aus dem Engl. von Heike Brandt.
160 Seiten, gebunden
ISBN 3-88679-198-X

Enzo Siciliano
Pasolini. Leben und Werk
Aus dem Italien. von Christel Galliani.
Mit einem Vorwort von Christoph Klimke.
544 S., gebunden
ISBN 3-88679-224-2

Herbert Spaich
Rainer Werner Fassbinder
Leben und Werk
421 Seiten, zahlr. Abbildungen, gebunden
ISBN 3-407-85104-9

Kurt Tucholsky 1890–1935
Ein Lebensbild
Hrsg. von Richard von Soldenhoff
296 Seiten, 325 Abbildungen
ISBN 3-88679-138-6 (Gebunden)
ISBN 3-88679-154-8 (Broschur)